개정판
일본어 문법교육
이론과 연습

저자 장근수

Publishing Company

머리말
일본어문법교육

　이 책은 한국인 학습자를 대상으로 일본어 문법과 문법교육의 질적 향상을 도모하기 위해 펴낸 것입니다. 일본어 문법에 관한 기초적인 지식과 이론에 대해 학습하고, 그 이론적 바탕을 이루고 있는 예문의 분석을 통해 문법적으로 사고하는 능력을 기르는 것을 목표로 하고 있습니다.

　문법이란 일본어 학습은 물론 한국어 학습에 있어서도 무척 중요하고도 기본적인 분야이지만, 어렵고 재미없는 암기위주의 분야라는 인식도 강한 것 같습니다. 하지만 문법이란 암기가 아닌 논리적 사고입니다. 단순히 난해한 용어나 법칙을 외우는 것이 아니라, 예문을 통해 어떠한 규칙을 발견하고 그 규칙에 대해 논리적으로 설명할 수 있는 힘을 기르는 것이 중요합니다.

　이 교재에서는 일본어 문법에 관한 이론적인 지식의 폭을 넓히고, 이러한 이론구축을 보다 용이하게 하기 위해 다양한 예문을 제시하였습니다. 또한 이들 예문을 통해 학습자가 능동적으로 문법에 대해 이해하고, 각 항목별 연습문제를 통해 문법으로의 접근을 보다 용이하게 하도록 노력하였습니다.

이러한 과정을 통해 궁극적으로는 일본어 문법에 관한 학문적 지식과 문법교육이라는 교육적인 측면과의 접목을 모색하고 있습니다. 즉 일본어학적인 측면은 물론, 일본어 교육이라는 관점에서 문법에 대해 생각해야 할 필요가 있는 것입니다. 이러한 측면을 고려할 때 비로소 문법교육이 성립한다고 할 수 있을 것입니다.

이 교재를 통해 일본어 문법에 대한 이론적 바탕은 물론 일본어 문법을 어떻게 학습하고 지도할 것인가에 대해서도 생각해 보는 계기가 되었으면 합니다.

저자 장 근 수

목 차

일본어문법교실

- 머리말 … 1

I. 문의 구성과 종류 (文の構成と種類)

1. 단어와 품사 (単語と品詞) ……………………… 9
2. 문의 성분 (文の成分) …………………………… 13
3. 문의 종류 (文の種類) …………………………… 19

II. 일본어의 품사 (日本語の品詞)

1. 동사 (動詞) ……………………………………… 27
   1.1 동사분류 (動詞分類) ……………………… 28
   1.2 동사 テ형 (動詞のテ形) …………………… 37
   1.3 동사활용형 (動詞活用形) ………………… 41
   1.4 존재동사 (存在動詞) ……………………… 45
   1.5 가능표현 (可能表現) ……………………… 49
   1.6 자·타동사 (自·他動詞) …………………… 53
2. 형용사 (形容詞) ………………………………… 61
   2.1 イ형용사 (イ形容詞) ……………………… 62
   2.2 ナ형용사 (ナ形容詞) ……………………… 68
3. 부사 (副詞) ……………………………………… 73
4. 조사 (助詞) ……………………………………… 81
   4.1 격조사 (格助詞) …………………………… 82
   4.2 강조조사 (とりたて助詞) ………………… 88
   4.3 종조사 (終助詞) …………………………… 91
   4.4 그 밖의 조사 (その他の助詞) …………… 93
5. 조동사 (助動詞) ………………………………… 99

3

III. 술부의 구조 (述部の構造)

1. 시제 (時制 ; テンス) 107
2. 상 (相 ; アスペクト) 113
3. 태 (態 ; ヴォイス) 121
   - 3.1 수동 (受け身) 122
   - 3.2 사역 (使役) 126
4. 서법 (叙法 ; モダリティ) 131
   - 4.1 모달리티 (モダリティ) 132
   - 4.2 「ようだ / らしい / そうだ」 136
   - 4.3 「のだ / わけだ / はずだ」 141

IV. 복문의 구조 (複文の構造)

1. 복문과 종속절 (複文と従属節) 149
2. 원인・이유절 (原因・理由節) 155
3. 연체수식절 (連体修飾節) 159
4. 명사절 (名詞節) 165
5. 조건절 (条件節) 169

V. 시점과 담화 (視点と談話)

1. 「は」와 「が」 179
2. 지시표현 (指示表現) 183
3. 수수표현 (授受表現) 189
4. 대우표현 (待遇表現) 195

- 찾아보기 ⋯ 205

- 개정판 -
일본어 문법교육
이론과 연습

I
문의 구성과 종류
(文の構成と種類)

1. 단어와 품사 (単語と品詞)
2. 문의 성분 (文の成分)
3. 문의 종류 (文の種類)

1. 단어와 품사 (単語と品詞)

文型

1. 太郎が花子にプレゼントをあげた。
2. このキムチ少し辛いです。でも、おいしいです。
3. あら、すてきなネクタイですね。
4. 映画を見に行きませんか。

■ 문법 (文法)

특정 언어에 있어 그 언어의 작은 단위를 결합하여 보다 큰 구조를 만드는 규칙

- ◆ 太郎が花子と話す。

  - 「太郎」「が」「花子」「と」「話す」 : 단어 (単語)
  - 「太郎が」「花子と」「話す」   : 문절 (文節)
  - 「太郎が花子と話す」   : 문 (文)

위 예문은 「太郎」「が」「花子」「と」「話す」라는 단어가 결합되어 「太郎が」「花子と」「話す」라는 문절을 이루고, 문절이 결합하여 「太郎が花子と話す」라는 문을 형성하고 있다.

☞ 문절이란 문을 실제 발음하는 경우에 끊어 읽는 최소 단위를 말한다.

■ 품사 (品詞)

> 단어를 문법적인 기능이나 형태에 의해 분류한 것

- ◆ 太郎が花子と話す。

- ◆ <u>太郎　が　花子　と　話す</u> ； 품사에 의한 분류

  - 「太郎」「花子」　　：　명사
  - 「が」「と」　　　　：　조사
  - 「話す」　　　　　　：　동사

● 자립어와 부속어

> 학교문법에서 품사는 보통 자립어인가 부속어인가에 따라 분류한다.

❏ 자립어 (自立語)

단독으로 사용할 수 있는 요소.
어휘적 의미를 나타내는 요소로 내용어(內容語)라고도 한다.

❏ 부속어 (付属語)

단독으로는 사용할 수 없는 요소.
문법적 관계를 나타내는 요소로 기능어(機能語)라고도 한다.

- ◆ <u>太郎　が　花子　と　話す</u>

  - 자립어　　「太郎」「花子」 : 명사
  　　　　　　「話す」　　　　 : 동사
  - 부속어　　「が」「と」　　　: 조사

☞ 학교문법이란 일본 중학교에서 교육되고 있는 문법을 말한다.

● 일본어의 품사

		특징	예	명칭
자립어	활용 ○	ウ단으로 끝난다	書く・遊ぶ・食べる・ある	동사
		イ로 끝난다	高い・おいしい・うれしい	형용사
		ダ로 끝난다	きれいだ・元気だ	형용동사
	활용 ×	주어의 위치에 온다	学校・山田・一つ	명사
		용언을 수식한다	ゆっくり・いつも・とても	부사
		항상 명사 앞에 온다	この・そんな・ある	연체사
		문과 문을 연결한다	しかし・それで・けれど	접속사
		감정・응답을 표현	はい・おい・あら・おはよう	감동사
부속어	활용 ○	주로 용언에 접속한다	せる・られる・たい・ようだ・だろう	조동사
	활용 ×	체언이나 용언에 접속	が・を・は・も・ので・ね・よ	조사

❏ 체언 (体言) : 명사, 대명사 등의 명사성분
❏ 용언 (用言) : 동사, 형용사, 형용동사와 같은 술어성분

☞ 위 표는 현행 일본 학교문법에서의 품사분류이다.
　단, 조동사 중「う」「よう」「だろう」「まい」는 활용하지 않는다.

연습문제 〖일본어문법교육〗

문제1 다음 예문을 문절로 나누고 품사를 분류해 봅시다.

(1) 太郎が花子にプレゼントをあげた。
(2) このキムチ少し辛いです。でも、おいしいです。
(3) あら、すてきなネクタイですね。
(4) 映画を見に行きませんか。

해설 ▶ 문절에 의한 분류

(1) 太郎が 花子に プレゼントを あげた。
(2) この キムチ 少し 辛いです。 でも、おいしいです。
(3) あら、 すてきな ネクタイですね。
(4) 映画を 見に 行きませんか。

▶ 품사에 의한 분류

(1) 太郎 が 花子 に プレゼント を あげ た。
　　 명사 조사 명사 조사　 명사　 　조사 동사 조동사

(2) この キムチ 少し 辛い です。でも、おいしい です。
　　 연체사 명사　 부사 형용사 조동사 접속사　 형용사　 조동사

(3) あら、 すてきな ネクタイ です ね。
　　 감동사　 형용동사　　 명사　 조동사 조사

(4) 映画 を 見 に 行き ませ ん か。
　　 명사 조사 동사 조사 동사 조동사 조동사 조사

2. 문의 성분 (文の成分)

文型

1. 犬は賢い動物だ。
2. 今日はとてもいい天気ですね。
3. 先生が日本語を教える。
4. わたしが彼に花子を紹介した。

■ 문 (文)

자신의 생각을 표현하고 상대방에게 정보를 전달하는 등의 언어 표현의 단위

■ 성분 (成分)

문을 구성하는 단어나 어구(語句)의 의미·기능적인 단위

◆ 彼女はミルク入りのコーヒーをよく飲んだ。

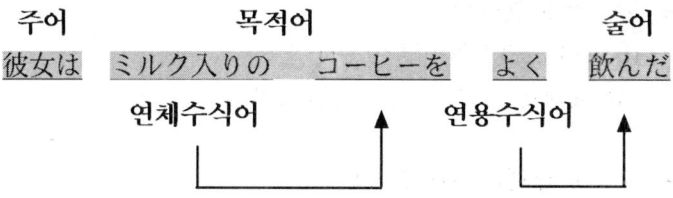

● 문의 성분

❶ 주어 (主語) : 동작이나 상태의 주체가 되는 성분
❷ 목적어 (目的語) : 동작이나 작용의 대상이 되는 성분
❸ 수식어 (修飾語) : 용언이나 체언을 수식하는 성분
　연용수식어 (連用修飾語) : 용언을 수식하는 성분
　　早く 走る　きれいに 咲いた　テレビを見ながら 食べる
　연체수식어 (連体修飾語) : 체언을 수식하는 성분
　　青い 空　仲がいい 二人　去年行ってきた 日本
❹ 술어 (述語) : 주어에 대해 그 동작이나 상태 등을 서술하는 성분

▼ 위 성분 중 주어와 목적어는 「が」「を」「に」 등의 격조사가 붙으므로 이를 **격성분(格成分)**이라 한다.

▼ 문의 성분을 구성하는 단위를 **단어(単語)**라 하고 단어보다 작은 단위로 **형태소(形態素)**가 있다. 형태소는 의미를 지닌 최소단위로 그 의미기능에 따라 내용형태소(内容形態素)와 기능형태소(機能形態素)로 분류할 수 있다.

◆ 朝ご飯を食べた。
　내용형태소 : 「朝」「飯」「食べる」
　기능형태소 : 「ご」「を」「た(과거)」

◆ テレビを見ながら食べる。
　내용형태소 : 「テレビ」「見(る)」「食べる」
　기능형태소 : 「を」「ながら」「∅(현재)」

◆ 일본어 문의 특징

❶ SOV구조
「S : subject」「O : object」「V : verb」
木村(きむら)が 花子(はなこ)を 愛(あい)した。
　S　　　O　　　V

❷ 수식어(修飾語) + 피수식어(被修飾語)
「美(うつく)しい 花(はな)」　「私(わたし)が 買(か)った 本(ほん)」

❸ 명사(名詞) + 조사(助詞)
「木村(きむら)+が」「花子(はなこ)+を」

동사(動詞) + 조동사(助動詞)
「飲(の)む+た」 → 「飲(の)んだ」
「勉強(べんきょう)する+たい+ない」 → 「勉強(べんきょう)したくない」

❹ 문법적 성(gender)・수(number), 관사의 구별이 없다.
(성이나 수에 따른 명사의 어형변화는 일어나지 않는다)

▼ 일본어는 다음과 같은 소수의 예외를 제외하고, 명사에 단수, 복수를 구별하는 문법형식이 없다.
　첩어(畳語(じょうご)) : 人々(ひと)　山々(やま)　国々(くに)　色々 etc.
　접미사(接尾辞(せつびじ)) : 人(ひと)たち　私(わたし)たち　学生(がくせい)たち etc.
　　　　　　　　　僕(ぼく)ら　彼(かれ)ら　これら etc.
　　　　　　　　　私(わたし)ども　女(おんな)ども etc.

2. 문의 성분 **15**

◆ 세계의 언어 (유형론적 분류)

❑ **교착어 (膠着語)**
단어에 접사(조사, 조동사)와 같은 형태소를 부착시킴으로써 문법관계를 나타내는 언어. 한국어, 일본어, 몽고어, 터키어 등이 교착어에 속한다.

❑ **굴절어 (屈折語)**
단어의 어형변화에 의해 문법관계를 나타내는 언어. 영어를 비롯해 인도유럽어 등이 굴절어에 속한다.

❑ **고립어 (孤立語)**
접사의 부착이나 어형변화 없이, 어순에 의해 문법관계를 나타내는 언어. 중국어, 티베트어, 태국어 등이 있다.

☞ 특정 언어가 하나의 유형에만 한정되는 경우는 드물다. 영어는 고립어적인 특성도 있으나, 보통은 굴절어에 속하는 언어로 분류된다.

연습문제 【일본어문법교육】

문제 1 다음 예문의 성분을 분석해 봅시다.

(1) 犬は賢い動物だ。

(2) 今日はとてもいい天気ですね。

(3) 先生が日本語を教える。

(4) わたしが彼に花子を紹介した。

해 설 ▶ 문의 성분에는 주어, 목적어, 수식어, 술어가 있다.

(1) 犬は　　賢い　　動物だ。
　　주어　　연체　　술어
　　　　　수식어

(2) 今日は　とても　いい　天気ですね。
　　주어　　연용　　연체　　술어
　　　　　수식어　수식어

(3) 先生が　日本語を　教える。
　　주어　　목적어　　술어

(4) わたしが　彼に　　花子を　　紹介した。
　　주어　　　간접　　직접　　　술어
　　　　　　목적어　목적어

2. 문의 성분 **17**

3. 문의 종류 (文の種類)

文型

1. 朴さん、こちらは友達の中田さんです。
2. 朝ご飯は何を食べましたか。
3. あなたは日本語が上手ですね。
4. もう少し頑張ってください。

■ 문의 종류 (文の種類)

일본어의 문은 술어의 종류, 문 유형, 문의 구조, 주제의 유무 등에 따라 분류할 수 있다.

● 술어에 의한 분류

❶ 명사술어문 (名詞述語文 ; コピュラ文)

- 私は 学生です。
- 私は 会社員では ありません。
- あなたは 会社員ですか。
  ▶ コピュラ(copula)는 「だ／です」「である」와 같은 표현을 말한다.

❷ 형용사술어문 (形容詞述語文)

- 日本語は おもしろいです。
- 彼氏は ハンサムです。
- どこが 悪いのですか。

❸ 동사술어문 (動詞述語文)

- 朝、早く 起きます。
- デパートで 買い物を しました。
- コンビニで 何を 買いましたか。

◉ 문 유형에 의한 분류

❶ 평서문 (平叙文)

- 本を 読みます。　　　　<비과거>
- 本を 読みました。　　　<과거>
- あいつは 来る。　　　　<단정>
- あいつも 来るだろう。　<추측>

❷ 의문문 (疑問文)

- 本を 読みますか。　　　<질문>
- これは どんな 本かな。<의문>
- 本を 読みませんか。　　<부정의문>

　▶ 의문문에는 문의 진위를 묻는 Yes-No의문문과 「いつ／どこ」 등의 의문사를 포함하는 WH의문문이 있다.

❸ 명령문 (命令文)

- 本を 読め。　　　　　　<명령>
- 本を 読みなさい。　　　<권유>
- 本を 読んでください。　<의뢰>

● 문의 구조에 의한 분류

❶ 단문 (単文) : 하나의 주어와 술어로 이루어진 문
　[彼は学生です]
　[日本語はとても楽しいです]

❷ 중문 (重文) : 두개 이상의 주어와 술어로 이루어진 문
　　　　　　　　단문이 병렬적인 관계로 연결된 문

　[彼は大学生で]、[彼女は会社員です]
　[父は新聞を読み]、[私はテレビゲームをした]

❸ 복문 (複文) : 두개 이상의 주어와 술어로 이루어진 문
　　　　　　　　종속절과 주절로 이루어진 문

　[[四月になると] 桜が咲きます]
　[[日本語は難しい] ということがわかりました]

☞ 중문과 복문을 통틀어 복문이라 하기도 한다.

● 주제의 유무에 의한 분류

❶ 유제문 (有題文) : 주제를 가지는 문
- 新幹線は 速い。
- 金さんって 女性に もてる 人だね。
    ▶ 주제는 「は」로 표현될 수 있는 부분으로 「新幹線」「金さん」은 주제를 나타낸다.

❷ 무제문 (無題文) : 주제를 가지지 않는 문

- 電車が 走っている。
- 火事!
  ▶ 눈에 보이는 현상을 묘사하는 현상문(現象文)으로 「電車」는 주제가 아니라 주어를 나타낸다.

◆ 주제와 술부

문은 통상 주제와 술부로 나눌 수 있다.

◆ <u>木村さんは</u>　<u>学生</u>です。
　　주제　　　　　술부

❏ 주제 (主題 ; トピック)

그 문이 무엇에 대해 서술하고 있는가를 나타내는 부분

❏ 술부 (述部 ; 述語)

주제에 대해 설명하는 부분

연습문제 ┃일본어문법교육┃

문제1 다음 예문의 술어의 종류와 문 유형에 대해 생각해 봅시다.

(1) 朴さん、こちらは友達の中田さんです。

(2) 朝ご飯は何を食べましたか。

(3) あなたは日本語が上手ですね。

(4) もう少し頑張ってください。

해설 (1) 명사술어문   평서문
      (2) 동사술어문   의문문
      (3) 형용사술어문 평서문
      (4) 동사술어문   명령문

문제2 다음 예문을 유제문과 무제문으로 분류해 봅시다.

(1) 今日はいい天気ですね。

(2) あっ、危ない。

(3) 飛行機が飛んでいる。

(4) 鈴木さんは数学が得意だ。

해설 (1) 유제문   「今日」가 주제이다.
      (2) 무제문   주제도 주어도 존재하지 않는다.
      (3) 무제문   「飛行機」는 주제가 아니라 주어이다.
      (4) 유제문   「鈴木さん」이 주제이다.

II
일본어의 품사
(日本語の品詞)

1. 동사 (動詞)
2. 형용사 (形容詞)
3. 부사 (副詞)
4. 조사 (助詞)
5. 조동사 (助動詞)

1. 동사 (動詞)

文型

1. 友達に手紙を書きます。
2. お名前とご住所を書いてください。
3. 部屋の中にコタツがあります。
4. あなたは日本語が話せますか。
5. 病気が治る。 － 病気を治す。

◼ 동사의 특징

❶ 일본어 동사는 'う단'으로 끝난다.

会う　書く　泳ぐ　話す　立つ
死ぬ　遊ぶ　飲む　走る　食べる

❷ 형태가 변화(활용)한다.

書く : 書きます　書かない　書こう　書いた
飲む : 飲みます　飲まない　飲もう　飲んだ

❸ 사물의 동작·상태·존재 등을 나타낸다.

- 毎日、学校へ 行きます。　　　<동작>
- 彼女は 日本語が できる。　　<상태>
- 田中さんは 図書館に いる。　<존재>

1.1 동사분류 (動詞分類)

◼ 동사분류 (動詞分類)

동사는 활용하는 방법에 따라 3그룹으로 나눌 수 있다.

◼ 활용에 의한 동사분류

명칭	특징	예
1그룹동사 (5단동사)	어미가 -u로 끝난다	書く・読む・遊ぶ・作る
2그룹동사 (1단동사)	-iru 혹은 -eru로 끝난다	見る・起きる 食べる・寝る
3그룹동사 (변격동사)	특수하게 활용한다	する・来る・勉強する

- ☐ 어간 (語幹) : 활용하더라도 형태가 바뀌지 않는 부분
- ☐ 어미 (語尾) : 활용할 때 형태가 바뀌는 부분
  활용어미(活用語尾)라고도 한다.

☞ 1그룹동사는 일본어교육에서, 5단동사는 학교문법에서 사용하는 용어로 지시하는 대상은 동일하다. 2그룹동사와 1단동사, 3그룹동사와 변격동사도 지시 대상은 동일하다.

◉ 1그룹동사 (5단동사 ; 五段動詞)

> ▼ 書く (kak-u)　　▼ 読む (yom-u)
> ▼ 遊ぶ (asob-u)　　▼ 作る (tsukur-u)

かく	kak-u	よむ	yom-u
かかない	kak-anai	よまない	yom-anai
かきます	kak-imasu	よみます	yom-imasu
かけば	kak-eba	よめば	yom-eba
かこう	kak-oo	よもう	yom-oo
[kak-] : 어간　[-u] : 어미		[yom-] : 어간　[-u] : 어미	

◆ 「アイウエオ」의 5가지 형태로 활용하므로 '**5단동사**'라 한다.
　어미가 [-u] 로 끝나 '**-u동사**'라 하기도 한다.
　어간이 자음으로 끝나 '**자음동사(子音動詞)**'라 하기도 한다.

◉ 2그룹동사 (1단동사 ; 一段動詞)

> ▼ 見る (mi-ru)　　▼ 起きる (oki-ru)
> ▼ 食べる (tabe-ru)　　▼ 寝る (ne-ru)

みる	mi-ru	たべる	tabe-ru
みない	mi-nai	たべない	tabe-nai
みます	mi-masu	たべます	tabe-masu
みれば	mi-reba	たべれば	tabe-reba
みよう	mi-yoo	たべよう	tabe-yoo
[mi-] : 어간　[-ru] : 어미		[tabe-] : 어간　[-ru] : 어미	

◆ 「イ」「エ」한가지 형태로 활용하므로 '**1단동사**'라 한다.
　어미가 [-ru] 로 끝나 '**-ru 동사**'라 하기도 한다.
　어간이 모음으로 끝나 '**모음동사(母音動詞)**'라 하기도 한다.

☞ 일단동사에는 [-iru]로 끝나는 상일단동사(上一段動詞)와 [-eru]로 끝나는 하일단동사(下一段動詞)가 있으나 일본어 교육에 있어서는 분류상의 의미가 없어 따로 분류하지 않는다.

◉ 3그룹동사 (변격동사 ; 変格動詞)

▼ する	サ행변격동사 (サ変動詞)
▼ 来る	カ행변격동사 (カ変動詞)

する	su-ru	くる	ku-ru
しない	si-nai	こない	ko-nai
します	si-masu	きます	ki-masu
すれば	su-reba	くれば	ku-reba
しよう	si-yoo	こよう	ko-yoo

◆ 특수하게 활용하므로 **불규칙동사**라 하기도 한다.

◆ 예외 5단동사 (例外五段動詞)

1단동사의 형태를 취하고 있으나 5단활용을 하는 동사

▼ 入る (hair-u)	▼ 帰る (kaer-u)
はいらない	かえらない
はいります	かえります
はいれば	かえれば
はいろう	かえろう

◆ 「う」로 끝나는 동사

「買う」「もらう」는 1그룹동사(5단동사)임에도 불구하고 [ka-u] [mora-u]와 같이 어간이 모음으로 끝나 있다. 하지만 이들 동사의 옛 표기 방식인 **역사적 표기법(歷史的仮名遣い)**을 보면 「かふ(kaf-u)」「もらふ(moraf-u)」와 같이 자음동사임을 알 수 있다. 역사적으로는 어중이나 어미의 ハ행자음이 ワ행자음으로 변하는데 이를 **ハ행전호(ハ行転呼)**라 한다.

    kaf-u > kaw-u > ka-u

이러한 역사적 변화를 이해함으로써 이들 동사의 부정형이 「か**わ**ない」「もら**わ**ない」와 같이 「わ」로 활용하는 이유에 대해서도 설명할 수 있다.

● 대표적인 동사어휘

❋ 1그룹동사 (5단동사)

会う	遊ぶ	集まる	洗う
有る	歩く	言う	行く
急ぐ	動く	歌う	移る
売る	選ぶ	置く	送る
押す	落とす	思う	泳ぐ
終わる	買う	書く	貸す
勝つ	通う	変わる	頑張る
聞く	配る	消す	困る
込む	捜す	咲く	叱る
死ぬ	吸う	進む	住む
座る	出す	立つ	頼む
違う	使う	作る	続く
手伝う	通る	飛ぶ	泊まる
取る	泣く	習う	願う
登る	飲む	乗る	運ぶ
始まる	働く	話す	払う
降る	間に合う	待つ	守る
持つ	戻る	焼く	休む
許す	呼ぶ	読む	喜ぶ
分かる	渡る	笑う	

✿ 예외 5단동사

知る	走る	入る	切る
要る	散る	限る	かじる
いじる	陥る	参る	握る
帰る	しゃべる	減る	あせる
滑る	蹴る	ひねる	

✿ 2그룹동사 (1단동사)

生きる	いる	起きる	落ちる
降りる	借りる	着る	過ぎる
出来る	見る		

開ける	上げる	入れる	受ける
生まれる	遅れる	教える	覚える
掛ける	数える	考える	消える
聞こえる	決める	比べる	くれる
答える	閉める	締める	調べる
捨てる	助ける	訪ねる	建てる
食べる	疲れる	付ける	伝える
勤める	つれる	出かける	出る
流れる	投げる	並べる	寝る
晴れる	増える	ほめる	見える
見せる	辞める	忘れる	

❋ 3그룹동사 (변격동사)

する	来る		
愛する	恋する		
遅刻する	運転する	電話する	思考する
うっかりする	がっかりする	しっかりする	

◆ 동사어휘 목록 중 1그룹동사/2그룹동사는 고등학교 일본어 교과서 기본어휘표 중에서 발췌하였다.

연습문제 |일본어문법교육|

문제1 다음 동사를 활용별로 분류해 봅시다.

笑う	待つ	愛する	作る
信じる	落ちる	辞める	知る

해설

笑う	→	笑います	笑わない
待つ	→	待ちます	待たない
愛する	→	愛します	愛さない[*]
作る	→	作ります	作らない
信じる	→	信じます	信じない
ある	→	あります	ない
辞める	→	辞めます	辞めない
知る	→	知ります	知らない

▶ 1그룹동사 (5단동사)
　笑う　待つ　作る　知る

▶ 2그룹동사 (1단동사)
　信じる　落ちる　辞める

▶ 3그룹동사 (변격동사)
　愛する[*] 부정형의 경우는 1그룹동사와 같이 활용한다.

문제2 「いらっしゃる / おっしゃる / くださる / なさる / ござる」의 ます형을 연습하고 그 특징에 대해 생각해 봅시다.

해설 (1) いらっしゃる → いらっしゃいます
- いらっしゃいますか

(2) おっしゃる → おっしゃいます
- 校長先生がおっしゃいました

(3) くださる → くださいます
- 先生がプレゼントをくださいます」

(4) なさる → なさいます
- 何になさいますか

(5) ござる → ございます
- ありがとうございます

▶ 이들 동사는 1그룹동사(5단동사)이므로 「いらっしゃる」가 「いらっしゃります」로 활용해야 하지만 「いらっしゃいます」로 활용한다. 존경을 나타내는 동사의 특성을 표현한 예외적인 활용현상으로 생각할 수 있다.

1.2 동사 テ형 (動詞のテ形)

■ テ형 ; 음편형 (音便形)

> 1그룹동사(5단동사)에 「て / た / たり」가 접속된 형태
> 음편이란 발음의 편의상 어중이나 어미의 음이 변화하는 현상으로 イ음편, 촉음편, 발음편이 있다.

◉ イ음편 (イ音便)

> ▼ 어말 음절이 「-く」「-ぐ」인 경우
> 　書く (kak-u)　　→　　かいて (kai-te)
> 　泳ぐ (oyog-u)　→　　およいで (oyoi-de)

- 日本語で 書いてみましょう。
- 夏は プールで 泳いだりします。
- 時間が ありません。急いでください。
- コンビニで 働いています。

◉ 촉음편 (促音便)

> ▼ 어말 음절이 「-う」「-つ」「-る」인 경우
> 　言う (i-u)　　　　→　いって (it-te)
> 　立つ (tats-u)　　　→　たって (tat-te)
> 　始まる (hajimar-u)　→　はじまって (hajimat-te)

- 言ってはいけない ことを 言ってしまった。
- あそこに 立っている 人が 鈴木さんです。
- いよいよ 新学期が 始まった。
- 久しぶりに 高校の友達に 会った。

● 발음편 (撥音便)

▼ 어말 음절이 「-ぬ」「-ぶ」「-む」인 경우

死ぬ (shin-u)	→	しんで (shin-de)
飛ぶ (tob-u)	→	とんで (ton-de)
休む (yasum-u)	→	やすんで (yasun-de)

- 戦争で 人が 死んでいく。
- 飛行機が 空を 飛んでいる。
- 昨日は 風邪で 学校を 休んだ。
- 熱が あるよ。この薬を 飲んでね。

☞ 2그룹동사(1단동사)의 テ형은 기본형의 「-る」가 탈락되는 형태를 취하므로 음편이 일어나지 않는다.

- 見る → 見て　　・ 起きる → 起きて
- 食べる → 食べて　　・ 寝る → 寝て

◆ 음편의 예외

▼ 아래 동사는 음편현상의 예외적인 동사이다.

行く　→　いって　　いいて (×)
問う　→　とうて　　とって (×)

▼ 「-す」로 끝나는 동사는 「-して」로 활용한다.

話す　→　はなして
出す　→　だして

☞ 음편현상에 대해서는 발음의 편의 이외에도 「書いて」「書き」와 같이 て형과 연용형이라는 표현 가치상의 차이로 설명하기도 한다.

◆ 형용사의 음편

음편은 동사뿐만 아니라 형용사에도 일어난다. 예를 들어 「おはよう」「ありがとう」는 각각 「早い」「ありがたい」라는 형용사에 ウ음편이 발생한 것이다. 또한 「ございます」는 「ござる」의 イ음편이다.

- 早い → おはようございます
- ありがたい → ありがとうございます

연습문제 |일본어문법교육|

문제1 다음 동사를 음편형에 따라 분류해 봅시다.

会う	知る	選ぶ	消す
急ぐ	読む	動く	勝つ

해설

会う → あって　　知る → しって
選ぶ → えらんで　消す → けして
急ぐ → いそいで　読む → よんで
動く → うごいて　勝つ → かって

▶ イ음편　：　急ぐ　動く
▶ 촉음편　：　会う　知る　勝つ
▶ 발음편　：　選ぶ　読む
▶ 기타　　：　消す

1.3 동사활용형 (動詞活用形)

■ 학교문법에서의 활용형

	미연형	연용형	종지형	연체형	가정형	명령형
書く	かかない かこう	かきます	かく	かく	かけば	かけ
見る	みない みよう	みます	みる	みる	みれば	みろ

- ❏ 미연형 (未然形) : 부정의「ない」에 연결되는 형태
    의지의「う」「よう」에 연결되는 형태
- ❏ 연용형 (連用形) : 용언에 연결되는 형태
- ❏ 종지형 (終止形) : 문을 마칠 때 사용하는 형태
- ❏ 연체형 (連体形) : 체언을 수식하는 형태
- ❏ 가정형 (仮定形) : 조건을 나타내는「ば」에 연결된 형태
- ❏ 명령형 (命令形) : 명령표현의 형태

- 日記を 書くけど、毎日は 書かない。
- 友達に 手紙を 書こう。
- 小説の感想を 書きます。
- 日本語で 書く 練習を します。
- どう 書けば いいですか。
- 早く 書け。

● **학교문법에 나타난 활용형의 문제점**

학교문법은 기본적으로 고전문법의 활용을 중시하고 있어, 현대어의 용법과는 맞지 않는 문제점이 있다.

- ▼ 미연형, 가정형, 명령형은 의미적인 분류인데 반해, 연용형, 종지형, 연체형은 기능적인 분류이다.

- ▼ 미연형은 '아직 그렇지 않다'라는 뜻으로 현대어의 부정이라는 의미와는 차이가 있다. 일본어교육에서는 ない형으로 설명하고 있다.

- ▼ 연용형이라는 용어는 '용언에 연결된다'라는 의미로 일본어교육에서는 ます형으로 설명하고 있다.

- ▼ 종지형과 연체형은 기능적으로는 다르나 결과적으로 같은 형태를 취하고 있다. 일본어교육에서는 사전형(辞書形) 혹은 기본형(基本形)으로 설명하고 있다.

- ▼ 「かく」의 가정형과 명령형도 「かけ」라는 동일 형태로 활용한다. 일본어교육에서는 각각 ば형과 명령형으로 설명하고 있다.

- ▼ 「かく」의 미연형에는 「かかない(부정)」와 「かこう(의지)」라는 의미가 다른 두개의 활용형이 존재한다. 일본어교육에서는 「かこう」는 う형(의지형)으로 설명하고 있다.

- ▼ 학교문법의 활용표에는 나타나지 않는 「かいて/かいた」「かける」「かかせる」 등의 활용형을 일본어교육에 도입하여 설명하기도 한다.

■ 일본어교육에서의 활용형

	1그룹동사	2그룹동사	3그룹동사	
辞書形	書く	見る	する	くる
ない形	かかない	みない	しない	こない
ます形	かきます	みます	します	きます
ば形(条件形)	かけば	みれば	すれば	くれば
命令形	かけ	みろ	しろ	こい
う形(意志形)	かこう	みよう	しよう	こよう
て形	かいて	みて	して	きて
た形(過去形)	かいた	みた	した	きた
たり形	かいたり	みたり	したり	きたり

- 昨日、友達と 映画を 見ました。
- 電車に 乗って 横浜へ 遊びに 行った。
- 朝ご飯を 食べないと、頭が 回らなく なる。
- 先生に なろうと 思って います。
- 勉強すれば 分かるように なります。
- 山田さんに 会ったら よろしく 伝えてください。
- 雨が 降ったり 止んだり します。

☞ 이 밖에도 「可能形(書ける)」「使役形(書かせる)」「受身形(書かれる)」 등의 용어를 도입하여 설명하기도 한다.

∴ 연습문제 | 일본어문법교육 |

문제 1 다음 동사를 의지형의 가능 여부에 따라 분류하고 그 차이에 대해 생각해 봅시다.

書く	降る	困る	読む
ある	遊ぶ	咲く	走る

해 설 ▶ 동사에 행위자의 의지가 포함되어 있는가 없는가의 차이로 생각할 수 있다.

▶ **의지동사 (意志動詞)**

인간의 의지에 의한 동작을 나타내는 동사

書く　　読む　　遊ぶ　　走る

▶ **무의지동사 (無意志動詞)**

의지 밖의 동작이나 상태를 나타내는 동사

降る　　咲く　　困る　　ある

1.4 존재동사 (存在動詞)

■ 존재동사 (存在動詞)

사물이나 인간의 존재를 표현하는 동사
존재하는 주체에 따라 「**ある**」 혹은 「**いる**」가 선택된다.

● 존재를 나타내는 표현

- 「場所」に 「物／人・動物」が ある／いる
  - 教室に 何が ありますか。
  - 動物園には 虎が います。

- 「物／人・動物」は 「場所」に ある／いる
  - トイレは どこに ありますか。
  - 鈴木さんは 事務室に います。

● 소유를 나타내는 표현

- 「誰」に 「何／人」が ある／いる
  - 私には 2歳になる 娘が いる。
  - 木村さんには 兄弟が 二人 います。
  - 私は 熱が 38度 あります。
  - 彼は 身長が 180センチ あります。
  - 彼女は 青い目を している。

1. 동사 45

● 「ある」와 「いる」의 활용

		사물・식물	사람・동물
보통형 (普通形)	현재	ある	いる
	과거	あった	いた
	부정	ない	いない
	과거부정	なかった	いなかった
정중형 (丁寧形)	현재	あります	います
	과거	ありました	いました
	부정	ありません	いません
	과거부정	ありませんでした	いませんでした

- 森の中に たくさんの 動物が います。
- 駐車場は ビルの後ろに ありました。
- 山本さんは どこにも いないです。
- 仁川は ソウルの西側に あります。
- 家の近くに 川が あります。
- 探してみたけど、ありませんでした。

☞ 자의적인 움직임이 가능한 경우는 「いる」를 사용하고, 자의적인 움직임이 불가능한 경우는 「ある」를 사용한다.

연습문제 ｜일본어문법교육｜

문제1 「ある」와 「いる」 중 옳은 것을 고르고 그 이유에 대해 생각해 봅시다.

(1) 庭の真ん中に大きな木が<u>ある／いる</u>。

(2) クジラは海に<u>ある／いる</u>。

(3) 魚屋さんに魚が<u>ある／いる</u>。

(4) 私には65歳になる母が<u>ある／いる</u>。

(5) 昔々、おじいさんとおばあさんが<u>ありました／いました</u>。

(6) 皆さんのおかげで、今の私が<u>あります／います</u>。

해설 (1) 「ある」: 생명체이나 자의적인 움직임이 불가능하다.
(2) 「いる」: 생명체이며 자의적인 움직임이 가능하다.
(3) 「ある」: 이미 죽어있기 때문에 자의적인 움직임이 가능하다.
(4) 「ある／いる」: 소유문인 경우는 「ある／いる」 모두 사용할 수 있다. 단, 주체가 사람이므로 현대어에서는 「いる」가 보다 자연스럽다.
(5) 「ありました／いました」: 옛날이야기의 첫 부분과 같은 상황에서는 「ありました」가 사용되나, 주체가 사람이므로 「いました」도 사용할 수 있다.
(6) 「あります／います」: 「あります」를 사용할 경우는 [현재의 모습]이라는 사물의 존재로 해석이 가능하다.

문제2 「隣」와「横」중 옳은 것을 고르고 그 차이점에 대해 생각해 봅시다.

(1) 銀行は郵便局の隣／横にあります。
(2) A：誰ですか。　B：隣／横の人です。
(3) 机の隣／横に猫がいます。
(4) パソコンの隣／横に電卓がある。

해설
▶ 隣 ： 같은 종류일 경우에 사용한다.
▶ 横 ： 다른 종류일 경우에 사용한다.

(1)「隣」　「銀行」「郵便局」은 같은 건물로 동급이다.
(2)「隣」　「이웃(집, 사람)」의 경우도 같은 종류이다.
(3)「横」　「机」와「猫」는 다른 종류이다.
(4)「横」　「パソコン」과「電卓」도 다른 종류이다.

▶ 위치 관계를 나타내는 명사

上	下	左(側)	右(側)	
中	外	前	後ろ	
東	西	南	北	
隣	横	そば	回り	近く

1.5 가능표현 (可能表現)

■ 가능표현 (可能表現)

	기본형	가능형	ことができる
1그룹 동사	飲む 書く 帰る 会う	飲める 書ける 帰れる 会える	飲むことができる 書くことができる 帰ることができる 会うことができる
2그룹 동사	起きる 食べる いる	起きられる 食べられる いられる	起きることができる 食べることができる いることができる
3그룹 동사	来る する 理解する	来られる できる 理解できる	来ることができる することができる 理解することができる

- あなたは 韓国語が 話せますか。
- 上野美術舘に 行くと、ルノワールの作品が 見られる。
- あした 何時まで 来られますか。
- 何度か 読んで、理解できるようになった。
- 占いで 運命を 変えることができる。

☞ 「1그룹동사(5단동사)」의 가능형을 가능동사라 하기도 한다.

●「ら抜き言葉」

> 2그룹동사(1단동사)와 변격동사 「来る」의 가능표현은 어간에 「られる」가 접속한다. 그러나 「見れる」「食べれる」와 같이 「ら」가 탈락된 형태로 사용하기도 하며, 이를 「ら抜き言葉」라 한다. 초기에는 주로 젊은 층에서 사용하는 일종의 오용(誤用)으로 인식되었으나, 최근에는 회화체에서 널리 사용되고 있다.

- 携帯で 映画が 見れる。
- ニンジン、食べれる?
- あした、来れる?
- ここに車、止めれる?

◆ 가능표현의 차이

「飲める」「食べられる」와 같은 가능형과 「~ことができる」를 이용한 가능표현에는 다음과 같은 차이가 있다.

가능형	~ことができる
• 회화체적인 표현 (話しことば) • 「飲む/食べる/買う」 등 일상생활에 쓰이는 동사가 많다.	• 문장체적인 표현 (書きことば) • 「考える/調べる」 등 논리적인 의미의 동사가 많다.

- 生ビールが 飲める お店。
- この キノコは 食べられません。
- 人間は 考えることができる。
- 歴史を 感じることができる 場所。

▼ 「られる」는 가능 외에 수동, 존경, 자발의 의미가 있으므로 가능의 의미를 명확히 할 경우에는 「~ことができる」를 사용한다.

연습문제 |일본어문법교육|

문제1 다음 동사를 가능형의 여부에 따라 분류하고 그 차이에 대해 대해 생각해 봅시다.

食べる	閉まる	行く
消える	開く	勉強する

해설
食べる → 食べられる
行く → 行ける
勉強する → 勉強できる
閉まる → 閉まれる(×)
消える → 消えられる(×)
開く → 開ける

▶ 가능형을 만들 수 있는 동사는 의지동사이다.
무의지동사는 가능형을 만들 수 없다.
「開く(열리다)」와 「開ける(열다)」는 자동사와 타동사의 관계이다.

문제2 밑줄 친 부분의 성질이 다른 하나를 고르시오.

(1) 人間はどこまで速く走れるか。
(2) 早く帰れるところに就職したい。
(3) 自宅でもおいしいピザが作れる。
(4) これは貼るだけですぐ痛みがとれる。

해설 (4)의 「とれる(없어지다/사라지다)」는 자동사이다.
그 밖의 예는 가능동사이다.

문제 3 자연스러운 동사를 고르고 그 차이에 대해 생각해 봅시다.

(1) あ、海が見える/見られる。
(2) いま出発すれば9時のドラマが見える/見られる。
(3) 変な音が聞こえる/聞ける。
(4) 古いジャズの曲が聞こえる/聞ける店。

해설 (1) 見える　　　　(2) 見られる
　　 (3) 聞こえる　　　(4) 聞こえる/聞ける

> ▶ 「見える」「聞こえる」는 자동사로 감각기관의 '기능'에 대해 언급하며, 「見られる」「聞ける」는 「見る」「聞く」의 가능형으로 그 '기회'에 대해 언급하고 있다.

1.6 자·타동사 (自・他動詞)

◼ 자동사 (自動詞)

> 대상(対象)을 나타내는 「を」를 취하지 않는 동사
> 起きる　行く　遊ぶ　集まる　走る

- 私は 大抵 7時に 起きて、学校へ 行きます。
- 外で 友達と 遊ぶのは 楽しい。
- ホールには たくさんの人が 集まった。
- トラックを 走る 選手たちが 見える。

☞ 「トラックを走る」의 「を」는 대상이 아니라 장소를 나타낸다.

◼ 타동사 (他動詞)

> 대상을 나타내는 「を」를 취하는 동사
> 書く　食べる　集める　あげる

- 自分の意見を 書きなさい。
- 朝ご飯を 食べるように しましょう。
- 私の趣味は 切手を 集める ことです。
- 彼に あげる プレゼントを 選ぶ。

❉ 자타동사의 예

자동사 -u	타동사 -eru
ドアが開く	ドアを開ける
不況が続く	勉強を続ける
汚れが付く	名前を付ける
腹が立つ	腹を立てる
子供が並ぶ	品物を並べる
工事が進む	工事を進める
-aru	**-eru**
物価が上がる	成績を上げる
保険料が下がる	価値を下げる
仕事が決まる	進路を決める
人が助かる	人を助ける
方法が見つかる	方法を見つける
-eru	**-asu**
元気が出る	元気を出す
体が冷える	ビールを冷やす
注文が増える	資産を増やす
犯人が逃げる	犯人を逃す
目がさめる	目をさます
-reru	**-su**
木が倒れる	相手を倒す
テレビが壊れる	建物を壊す
川が流れる	水を流す
犯人が隠れる	真実を隠す
山が崩れる	体調を崩す

-u	-asu
体重が減る 体が動く 洗濯物が乾く 鳥が飛ぶ	体重を減らす 体を動かす シャツを乾かす 飛行機を飛ばす

-reru	-u
骨が折れる 電池が切れる コップが割れる	骨を折る 髪を切る コップを割る

-ru	-su
悔いが残る 風邪が移る 病気が治る 地球が回る	結果を残す データを移す 病気を治す ハンドルを回す

-iru	-osu
事件が起きる りんごが落ちる 人が降りる	父を起こす 化粧を落とす 荷物を降ろす

그 밖의 자동사	그 밖의 타동사
山が見える 火が消える 声が聞こえる 名作が生まれる お金が入る	写真を見せる 火を消す 話を聞く 名作を生む 予約を入れる

● **자타양용동사 (自他両用動詞)**

자동사와 타동사의 형태가 같은 동사

- 「吹く」　　風が 吹く。　　　笛を 吹く。
- 「笑う」　　友達が 笑う。　　友達を 笑う。
- 「開く」　　会議が 開く。　　店を 開く。
- 「はねる」　泥が はねる。　　泥を はねる。
- 「終わる」　授業が 終わる。　授業を 終わる。
- 「実現する」夢が 実現する。　夢を 実現する。

◆ **이동동사 (移動動詞)**

이동을 동반하는 움직임을 나타내는 동사로 방향성의 유무에 따라 다음과 같이 분류할 수 있다.

- 방향성이 있는 이동동사 : 行く・帰る・出る・入る・戻る etc.
  「学校へ行く」「家へ帰る」
- 방향성이 없는 이동동사 : 歩く・走る etc.
  「道を歩く」「運動場を走る」

「歩く・走る」에 보이는 「を」는 대상이 아니라 장소, 경로를 나타낸다. 따라서 이동동사는 모두 자동사이다.

- 장소, 경로의 「を」를 취하는 이동동사의 예

  道を歩く　　　空を飛ぶ　　　公園を散歩する。

  家を出る　　　車を降りる　　大学を卒業する

  橋を渡る　　　山を越える　　汽車が田舎を通る

◆ 명사와 동사와의 결합

▼ 동사의 의미에 따라 명사가 취하는 격은 달라진다.

　◆ 木村が 田中を なぐった。

위의 동사는 'が(주체)'와 'を(대상)'을 반드시 필요로 한다. 이러한 문을 구성하는 필수성분을 **항(項, argument)**이라고 한다. 동사는 항의 수에 따라 아래와 같이 나눌 수 있다.

1항동사 ガ격 명사구(名詞句)만을 필요로 하는 동사
2항동사 ガ격 외에 다른 하나의 명사구를 필요로 하는 동사
3항동사 ガ격 외에 ヲ격, ニ격 명사구를 필요로 하는 동사

□ ガ
・雨が 降る　　　　　　晴れる　壊れる　死ぬ

□ ガ ヲ
・父が 家を 建てる　　　食べる　壊す　誘う　殺す

□ ガ ニ
・直子が 先生に 会う　　ぶつかる　当たる　反対する

□ ガ ト
・花子が 太郎と 結婚する　喧嘩する　交換する

□ ニ ガ
・彼には 奥さんが 要る　　できる　わかる

□ ガ ニ ヲ
・先生が 大介に 本を あげる　送る　教える　紹介する

☞ 1항동사는 자동사, 2항동사 중 「を」를 취하는 동사 및 3항동사는 타동사로 분류한다. 한편, 2항동사는 타동성의 정도로 설명되기도 한다. (연습문제3 참조)

∴ 연습문제 |일본어문법교육|

문제1 밑줄 친 부분의 성질이 다른 하나를 고르시오.

(1) 勉強を続けることにした。
(2) パソコンにコーラをこぼしてしまった。
(3) このバスは都心を通る。
(4) 先生に年賀状を送る。

해설 (3)의 「通る」는 이동동사인 자동사이다.
그 밖의 동사는 대상의 「を」를 취하는 타동사이다.

문제2 자연스러운 조사를 고르고 그 차이에 대해 생각해 봅시다.

(1) 家から / を出る。
(2) 鼻から / を血が出る。
(3) 大介は30歳の時、大学から / を出た。
(4) 家から / を出て大阪から東京へ行った。

해설 (1) から / を   (2) から
(3) を   (4) を

> ▶ 「から」를 사용하면 사물의 기점을 나타내는 반면, 「を」를 사용하면 화자의 의지나 목적을 나타낸다.
> ▶ (1)은 '집에서 나오다', '가출하다', (3)은 '학교에서 나오다', '졸업하다'의 의미로 사용된다. (4)와 같이 뒤에 오는 동사의 움직임에 비중을 두는 경우는 「を」를 사용한다.

문제 3 다음 예문의 타동성과 격의 관계에 대해 생각해 봅시다.

(1) 父が 家を 建てる。
(2) 私は 彼の 意見に 反対した。
(3) 彼(に)は 他人の 気持が わからない。

해 설 ▶ 2항동사의 경우는 자타 구분이 명확하지는 않다. 따라서 타동성(他動性)의 정도로 설명되기도 한다. 타동성은 목적어(대상)의 격과 깊은 관계가 있다.

(1) 「建てる」나 「壊す」와 같이 '주체(父)'가 '대상(家)'에 직접 접촉하여 변화를 일으키는 동사가 가장 타동성이 높다. 목적어(대상)는 「を」가 사용된다.
(2) 「反対/賛成する」나 「当たる」 등의 동사는 '주체(私)'가 '대상(意見)'에 직접적인 영향은 미치지 않는다. (1)에 비해 타동성이 약하며, 목적어(대상)는 「に」가 사용된다.
(3) 「わかる」「できる」 등의 동사는 대상에 전혀 영향을 미치지 않고 주어의 상태만을 나타낸다. 타동성이 가장 약하며, 목적어(대상)는 「が」가 사용된다.

2. 형용사 (形容詞)

文型

1. A : お味のほうはどうですか。
   B : とてもおいしいです。
2. 昨日は友達とコンサートに行った。楽しかった。
3. 日本の料理は好きですか。
4. 日本語は上手じゃないけど、少しは話せます。

■ 형용사의 특징

❶ 사물의 **성질**이나 **상태**를 나타낸다.
  - 空が青い。
  - とても大きい犬。

인간의 **감정**이나 **감각**을 나타낸다.
  - 試験に受かってうれしい。
  - お腹が痛い。

❷ 형용사에는 어미가 「イ」로 끝나는 **イ형용사**와 어미가 「ダ」로 끝나는 **ナ형용사**가 있다. 뒤에 명사가 올 경우 「赤いペン」「好きな人」와 같이 활용하기 때문에 붙여진 명칭이다.
  - 赤い(aka-i)   大きい   うれしい   悲しい
  - 好きだ(suki-da)   きれいだ   簡単だ   上手だ

2.1 イ형용사 (イ形容詞)

◼ イ형용사 (イ形容詞)

기본형의 어미가 「イ」로 끝나는 형용사
학교문법에서는 **형용사**라 한다.

● イ형용사의 활용

보통형 (普通形)	정중형 (丁寧形)
日本語は おもしろい。	日本語は おもしろいです。
今日は あまり 暑くない。	今日は あまり 暑くないです。 (暑くありません)
旅行は 楽しかった。	旅行は 楽しかったです。
キムチは 辛くなかった。	キムチは 辛くなかったです。 (辛くありませんでした)

- ◆ 「~くないです」는 주로 회화체에서 사용하고, 「~くありません」은 문장체에서 많이 사용한다.
- ◆ 「~くないです」보다 「~くありません」이 정중한 느낌이다.
  - 値段は 安くないです / 安くありません。

◆ 「いい(良い)」의 활용

今日は 天気が いい。	今日は 天気が いいです。
今日は 天気が よくない。	今日は 天気が よくないです。 (よくありません)
昨日の天気は よかった。	昨日の天気は よかったです。

● イ형용사의 기능

1. 술어로 사용된다	あの映画は おもしろい。 このりんごは おいしい。
2. 명사를 수식한다	おもしろい 映画を 見ました。 おいしい 料理を 食べた。
3. 동사를 수식한다	映画を おもしろく 見た。 おいしく いただきました。

● イ형용사의 분류

イ형용사는 의미적으로 속성형용사와 감정형용사로 분류된다.

❶ 속성형용사 (属性形容詞)

사람이나 사물의 속성, 성질을 나타낸다.
- あの店は 安い。
- 部屋が 明るく なりました。
- 量は 多ければ 多い ほど いいです。

❷ 감정형용사 (感情形容詞)

사람의 감정・감각을 나타낸다.
- 昨日の映画は おもしろかったです。
- 彼が 試験に 受かって うれしい。
- このラーメンは 少し 辛い。

❋ 대표적인 イ형용사 어휘

성질	大きい	小さい	多い	少ない
	早い・速い	遅い	強い	弱い
	明るい	暗い	重い	軽い
	新しい	古い	厚い	薄い
	高い	低い・安い	近い	遠い
	広い	狭い	長い	短い
	難しい	易しい	深い	浅い
	太い	細い	美しい	可愛い
	汚い	忙しい	うるさい	やかましい
	良い	悪い	優しい	
색깔	青い	赤い	白い	黒い
	黄色い	茶色い		
날씨	暖かい	暑い	涼しい	寒い
	むし暑い	肌寒い		
미각	おいしい	うまい	まずい	甘い
	辛い	濃い	薄い	しょっぱい
	酸っぱい	苦い	渋い	
감각	痛い	かゆい	冷たい	ぬるい
	柔らかい	固い		
감정	楽しい	嬉しい	愛しい	悲しい
	苦しい	寂しい	怖い	つらい
	おもしろい	つまらない	うらやましい	

✿ イ형용사의 명사형

大きい	大きさ	速い	速さ
強い	強さ・強み	弱い	弱さ・弱み
明るい	明るさ・明るみ	重い	重さ・重み
厚い	厚さ・厚み	高い	高さ
広い	広さ	優しい	優しさ
長い	長さ	深い	深さ・深み
難しい	難しさ	良い	良さ
青い	青	赤い	赤
白い	白	黒い	黒
暖かい	暖かさ・暖かみ	寒い	寒さ・寒け
うまい	うまさ・うまみ	甘い	甘さ・甘み

▶ 「さ」는 객관적인 속성, 「み」는 주관적인 감각을 나타낸다.
- ◆ 深さ2メートル。 深みのある味
- ◆ 重さを量る。　歴史の重みを感じる。

✿ イ형용사의 명사형과 동사형

痛い	痛さ・痛み	痛む
楽しい	楽しさ・楽しみ	楽しむ
悲しい	悲しさ・悲しみ	悲しむ
苦しい	苦しさ・苦しみ	苦しむ

∴ 연습문제 │일본어문법교육│

문제 1 다음 예문 중 부자연스러운 표현을 찾아 바르게 고치시오.

(1) わたし、彼が憎いです。
(2) 金君もやっぱり注射は怖いようだ。
(3) 田中さんはとてもうれしいです。
(4) 子供たちも楽しいらしい。

해설 (3)의 「うれしい」 → 「うれしがっている」
　　　　　　　　　　　　　「うれしいようだ / らしい」

▶ 「憎い」「痛い」「うれしい」「楽しい」는 감정형용사이며, 감정형용사의 주어는 1인칭이 사용된다. 3인칭의 감정을 나타낼 경우는 「がる」「ようだ / らしい」 등을 사용한다.

문제 2 자연스러운 표현을 고르고, 그 이유에 대해 생각해 봅시다.

(1) 近い / 近くのホテルを探しているんですが。
(2) 日本とは地理的に近い / 近くの関係にある。
(3) 遠い / 遠くのスーパーまで買い物に行った。
(4) 駅から遠い / 遠くの所は通学が不便だ。
(5) 集会には、多い / 多くの人が集まった。
(6) ビタミンが多い / 多くの果物は?

해설
(1) 近くの　　(2) 近い　　(3) 遠くの
(4) 遠い　　　(5) 多くの　(6) 多い

▶ 위 형용사는 2종류의 연체형이 있다.
- 현 지점을 기준으로 한 거리를 표현하는 경우 「近くの / 遠くの」를 사용한다.
- 「~に / から / が近い / 遠い」와 같이 조사를 동반하여 명사를 수식하는 경우 「近い / 遠い」를 사용한다.
- 「多い」의 연체형은 「多くの」가 사용되나, 「~が多い+N」의 형태로는 사용이 가능하다.
- 그 밖에 「少ない」의 경우 「~が少ない+N」의 형태로만 사용된다. 단, 「少ない予算 / 材料」와 같이 한정된 수량을 나타내는 경우에는 사용이 가능하다.

2.2 ナ형용사 (ナ形容詞)

■ ナ형용사 (ナ形容詞)

기본형의 어미가 「ダ」로 끝나는 형용사
학교문법에서는 **형용동사**라 한다.

● ナ형용사의 활용

보통형 (普通形)	정중형 (丁寧形)
サッカーが 好きだ	サッカーが 好きです
ピーマンは 好きではない	ピーマンは 好きではないです 　　　　　　(好きではありません)
マンガが 好きだった	マンガが 好きでした 　　　　　　(好きだったです)
スポーツは 好きではなかった	スポーツは 好きではなかったです 　　　　　　(好きではありませんでした)

- ◆ 「～ではない」의 축약형(회화체형)으로 「～じゃない」가 있다.
- ◆ 「～ではないです」는 주로 회화체에서 사용하고, 「～ではありません」은 문장체에서 많이 사용한다.
- ◆ 「～ではないです」보다 「～ではありません」이 정중한 느낌이다.
- ◆ 「～だったです」보다 「～でした」가 정중한 느낌이다.

  - 教師も そんなに 楽ではない / 楽じゃない。
  - 日本語は あまり 上手ではないです / 上手ではありません。
  - 交通が とても 不便だったです / 不便でした。

● ナ形용사의 기능

1. 술어로 사용된다	わたしの部屋は きれいだ。 このサイトは 便利です。
2. 명사를 수식한다	きれいな 部屋を 作る。 これは 便利な サイトです。
3. 동사를 수식한다	部屋を きれいに する。 便利に 使う 情報。

◆ 두개의 활용형을 가지는 형용사

❶ イ형용사　　　　　　　　　　　ナ형용사
- 薄くて暖かいセーター　／　暖かな家づくり
- 細かい作業　／　患者に細かな配慮を
- 柔らかい体を作る　／　柔らかな風が吹く

❷ イ형용사　　　　　　　　　　　연체사
- 大きいサイズの服　／　大きな夢を抱く
- 世界で一番小さい島　／　小さな医学情報
- おかしい歩き方　／　おかしな話

▼ イ형용사는 구체적·객관적인 의미를, ナ형용사와 연체사는 추상적·주관적인 의미를 나타낸다.

❸ ナ形용사 　　　　　명사

- 健康な人　　/　　健康の秘訣　　健康が一番
- 自由な生活　/　　自由の女神　　自由がある

☞ 뒤에 명사에 올 때 ナ형용사는 「な」로 활용하고, 명사는 「の」로 연결된다. 「が」와 같은 조사가 붙는 것도 명사적 특징이다.

❇ 대표적인 ナ형용사 어휘

好きだ	嫌いだ	いやだ	だめだ
変だ	楽だ	暇だ	大変だ
きれいだ	素敵だ	ハンサムだ	穏やかだ
幸せだ	元気だ	大切だ	大事だ
親切だ	素直だ	正直だ	真面目だ
重要だ	有名だ	安全だ	結構だ
上手だ	下手だ	得意だ	苦手だ
便利だ	不便だ	簡単だ	複雑だ
静かだ	賑やかだ	地味だ	派手だ
必要だ	不要だ	十分だ	不十分だ
可能だ	不可能だ	愉快だ	不愉快だ
豊かだ	貧乏だ	無理だ	真剣だ
面倒だ	余裕だ	邪魔だ	退屈だ
残念だ	大丈夫だ	不思議だ	

연습문제 |일본어문법교육|

문제1 밑줄 친 부분의 성질이 다른 하나를 고르시오.

(1) 将来、先生になりたいです。
(2) 正直に答えなさい。
(3) 誰にでも簡単にできます。
(4) 薬を飲んで元気になった。

해 설 (1)은 '명사+に'의 형태를 취하고 있다.
그 밖의 예는 ナ형용사의 연용형(용언에 연결되는 형태)이다.

문제2 밑줄 친 부분의 품사가 다른 하나를 고르시오.

(1) 田中さんは親切です。
(2) 生活が不安です。
(3) 問題が複雑でした。
(4) 一郎は長男です。

해 설 (4)는 명사이고, 그 밖의 예는 ナ형용사이다.

(1) 親切な田中さん   (2) 不安な生活
(3) 複雑な問題   (4) 長男な一郎(×) / 長男の一郎(○)

2. 형용사 71

문제 3   다음 예문의 형용사 표현을 바르게 고치시오.

(1) 昨日はとても忙しいでした。
(2) ここは安いでおいしい店です。
(3) そんなに暑いではありません。
(4) 掃除をして部屋がきれくなりました。
(5) あの俳優は世界でも有名する。
(6) 先週の旅行はおもしろかったです。

해설 ▶ 한국인 학습자에게 많이 보이는 오용례로 (1)~(5)는 문법적, (6)은 어휘/의미적인 오용이다.

(1) 昨日はとても<u>忙しかったです</u>。
(2) ここは<u>安くて</u>おいしい店です。
(3) そんなに<u>暑く</u>(は)ありません。
(4) 掃除をして部屋が<u>きれいに</u>なりました。
(5) あの俳優は世界でも<u>有名だ</u>。
(6) 先週の旅行は<u>楽しかった</u>です。
   : 한국어로는 'おもしろい(재미있다)'도 가능하나 일본어에서는 '楽しい(즐겁다)'는 의미로 사용해야 한다.

3. 부사 (副詞)

文型

1. 窓の外を**ぼんやり**眺めている。
2. **大変**、お待たせいたしました。
3. 明日は**きっと**晴れるでしょう。
4. 今度の夏休みには**ぜひ**ヨーロッパへ行きたい。

■ 부사 (副詞)

동사나 형용사와 같은 소위 용언을 수식하는 품사

- 一郎は かなり ゆっくり 歩いた

  수식 ← 수식

「かなり」는 「ゆっくり」를 수식하고, 「ゆっくり」는 다시 동사 「歩く」를 수식한다.

◉ 부사분류

☐ **정태부사** 동작동사의 상태를 의미적으로 한정한다.
  - ゆっくり歩く   わざと壊す   一気に飲む

☐ **정도부사** 동작이나 상태의 정도를 나타낸다.
  - かなり重い   とても疲れた   もっと走れ

☐ **진술부사** 술어의 진술방식을 나타내고 문말과 호응한다.
  - きっと来る   決して来ない   たぶん来るだろう

❶ 정태부사 (情態副詞)

> 용언을 수식하고 용언의 양태, 모습 등을 자세하게 나타내는 부사. 상태부사(状態副詞)라고도 한다. 의성어·의태어(オノマトペ, onomatopoeia)도 분류상 여기에 포함된다.

- <u>ぐっすり</u> 寝ました。
- <u>にやにや/にっこり</u> 笑っている。
- 子供が <u>すくすく</u> 育った。
- いぬが <u>わんわんと</u> 吠える。
- 雨が <u>ざあざあ</u> 降る。
- そんなに <u>いらいら</u>する 必要は ないよ。

☞ 「髪を<u>赤く</u>染める」「花が<u>きれいに</u>咲いた」와 같이 형용사의 연용형(용언에 연결되는 형태)도 정태부사로 취급하기도 한다.

✽ 정태부사의 예

<u>こっそり</u>入る	<u>すっかり</u>忘れる	<u>はっきり</u>言う
町中を<u>うろうろ</u>する	<u>きらきら</u>光る	<u>くるくる</u>回る
家で<u>ごろごろ</u>する	雨が<u>しとしと</u>降る	<u>じろじろ</u>見る
<u>どんどん</u>先に行く	<u>ぶらぶら</u>遊ぶ	<u>よちよち</u>歩く

❷ 정도부사 (程度副詞)

> 주로 용언을 수식하고 사물의 정도(程度)나 대소(大小)를 나타내는 부사

- 非常に 難しい 問題。
- この商品は 大変 お得です。
- 見ない うちに ずいぶん きれいに なったね。
- 体の調子も 大分 よく なりました。

☞ 정도부사의 경우 「もっと右」「少し上」와 같이 명사를 수식하는 경우도 있다.

❋ 정도부사의 예

ますます強くなる	一層おもしろくなる	ごくわずかな量
ちょっと高い	なかなか難しい	この方がずっといい
きわめて珍しい		

❸ 진술부사 (陳述副詞)

> 문말의 부정, 추측, 가정, 의문, 희망을 나타내는 표현과 호응(呼応)하며, 화자(話者)의 태도나 감정을 나타낸다.

- いくら 考えても とうてい わかりません。　　　<부정>
- おそらく 明日も 来ないでしょう。　　　<추측>
- もし それが 本当だとしたら。　　　<가정>
- どうして この問題が できないの。　　　<의문>
- まさか 彼女が 落ちる ことは ないでしょう。<부정추량>
- 留学に 行っても どうか がんばってください。<의뢰>

☞ 진술부사는 정태부사, 정도부사와 달리 화자의 주관적 태도를 나타내고, 문의 서법(叙法)과 관계한다는 특성상 서법부사, 모달리티부사라 하기도 한다.

✤ 진술부사의 예

<부정>	あまりおいしくない / 全然怖くない
<추측>	明日はたぶん / おそらく晴れるだろう
<희망>	ぜひお会いしたいです
<비유>	まるで雪のようだ / あたかも事実のように語る
<의문>	なぜ / どうして来なかったのですか
<단정>	病気は必ず / きっと直ります
<강조>	さすが横綱 / やはり無理でした

● 그 밖의 부사적 표현

용언을 수식하는 성분을 부사적 표현 혹은 부사성분이라 하여, 품사로서의 부사와 구별하기도 한다.

❶ 수량부사 (量の副詞)

- 野菜が たっぷり 入った ラーメン。
- 人が たくさん 集まった。
- ソースを いっぱい かけて 食べる。
- 英語が 少し しゃべれるように なった。

❷ 시간부사 (時間副詞)

- たった今、帰りました。
- いきなり 雨が 降り出した。
- 今日の3時、重役会議が ある。
- 最近、体の調子が 良くない。

❸ 빈도부사 (頻度副詞)

- 彼は いつも 遅刻する。
- 時々 忘れ物を します。
- あなたも たまに 良い ことを 言うね。
- 人身事故で しばしば 電車が 遅れる ことが あります。

❹ 평가부사 (評価副詞)

- <u>さいわい</u> 母の病気が 治った。
- <u>あいにく</u>、曇り時々雨の天気で 運動会が 開催された。
- <u>残念ながら</u> 落選しました。
- <u>うれしいことに</u>、株価が 毎日 値上がりする。

☞ 평가부사는 문 전체를 수식하며, 문에 대한 화자의 평가를 나타낸다. 분류상 모달리티부사에 속하며, 다음과 같이 변형시킬 수 있다.

- ◆ 母の病気が治ったのは<u>さいわいだ</u>。
- ◆ 株価が毎日値上がりするのは<u>うれしいことだ</u>。

∴ 연습문제 |일본어문법교육|

문제1 밑줄 친 부분의 용법이 다른 하나를 고르시오.

(1) すばらしい。よくできました。
(2) 彼と二人でよく行ったレストラン。
(3) 鈴木さんは性格もよく勤勉な人です。
(4) よく考えて問題を解きましょう。

해 설 (3)의 「よく」는 イ형용사의 연용형(용언에 연결되는 형태)으로 사용되었다. 그 밖의 예의 「よく」는 술어를 수식하는 부사적 용법이다.

문제2 밑줄 친 부분의 성질이 다른 하나를 고르시오.

(1) 彼ははっきりものを言う人だ。
(2) ただ黙々と仕事をする男。
(3) こつこつ貯めたお金でバイクを買った。
(4) この酒、結構うまいね。

해 설 (4)의 「結構」는 「うまい」를 수식하는 정도부사이다. 그 밖의 예는 정태부사로 각각 「言う」「仕事をする」「貯める」를 수식한다.

3. 부사

문제 3 다음 예문 중 부자연스러운 표현을 찾아봅시다.

(1) <u>朝6時に</u>起きました。

(2) <u>今週の金曜日に</u>会うことにしましょう。

(3) 夏休みは<u>先週に</u>始まりました。

(4) <u>1964年に</u>行われた東京オリンピック。

해설 ▶ 시간을 나타내는 표현(시간부사)에는 「に」를 붙일 수 있는 경우와 그렇지 못하는 경우가 있다. (3)의 「先週」에는 「に」를 붙일 수 없다.

- 「に」를 붙일 수 있는 경우
  (시각, 년, 월, 일 등을 특정할 수 있는 표현으로 시간을 한정한다)

  | 6時 | 30分 | 四月 |
  | 5日 | 月曜日 | 2002年 |

- 「に」를 붙일 수 없는 경우
  (현재시를 기준으로 그 전후를 나타내는 표현으로 시간의 폭이 있어 한정하지 않는다)

	今	先
昨日	今日	明日
先週	今週	来週
先月	今月	来月
去年	今年	来年

4. 조사 (助詞)

文型

1. 電車の中で新聞を読みます。
2. これしか残っていません。
3. いい天気ですね。
4. これ食べてみて、おいしいよ。

◼ 조사 (助詞)

항상 명사 등의 자립어에 부속하여 사용된다.
단어와 단어와의 관계를 나타낸다.

● 조사분류

명칭	접속과 기능	예
격조사	체언에 접속	が・を・に・で・と・へ・から・まで・より
강조조사	체언 등에 접속	は・も・こそ・でも・しか・だけ・ばかり・まで・ぐらい
종조사	문장이나 문절의 마지막에 접속	か・な・わ・ぞ・ぜ・かしら・ね・さ・よ・よね
접속조사	단어나 문을 접속	と・やら・が・けれど・ので・のに・ば・たら・ながら

4.1 격조사 (格助詞)

◼ 격조사 (格助詞)

주로 체언에 접속하여 다른 단어와 어떠한 관계에 있는가를 나타내는 조사

❑ 「が」
- 子供が 遊んでいる。 <주체>
- 水が 飲みたい。 <대상>

❑ 「を」
- 毎朝、新聞を 読みます。 <대상>
- 橋を 渡る。 <장소, 경로>

❑ 「に」
- 今、図書館に います。 <존재장소>
- 日曜日は 山に 行きます。 <착점>
- あした 友達に 会います。 <상대>
- 夏休みに、京都に 行く。 <방향>
- 今、会いに 行きます。 <목적>
- 将来、先生に なりたいです。 <변화>
- 毎朝、7時に 起きます。 <시간>

- 「で」
  - 日本で 買った かばんです。　　　　<동작장소>
  - ワインは 葡萄で 作ります。　　　　<재료>
  - 道を はだしで 歩く。　　　　　　　<양태>
  - 教室では 日本語で 話しましょう。　<수단・방법>
  - 風邪で 学校を 休んだ。　　　　　　<원인>
  - 一個 200円で 買える。　　　　　　<범위>

- 「と」
  - 久しぶりに 家族と 食事を した。　<상대>

- 「へ」
  - 夏休みに ヨーロッパへ 行った。　　<방향>

- 「から」
  - 授業は 9時から 始まります。　　　<기점>
  - 不注意から 事故が おこった。　　　<기인>

- 「まで」
  - 学校まで 1時間も かかります。　　<범위>

- 「より」
  - 会議は 3時より 始まります。　　　<기점>
  - 英語より ドイツ語が 難しい。　　　<비교>

◆ 대상을 나타내는「ガ」

보통「ガ」는 주어를 나타내지만, 다음 예의「ガ」는 술어의 대상을 나타낸다. 이를 **대상격(対象格)**이라 한다. 한국어로도 '을/를'로 해석되는 경우가 많다.

- 鈴木さんは 英語が 話せる。
- 日本語が できるように なった。
- 彼は 韓国語が わかる。
- アイスラテーが 飲みたい。
- 私は デジカメが ほしい。
- やっぱり 海が 好きです。
- 僕は ニンジンが 嫌いです。
- 勉強には 集中力が 要る。
- 急に 故郷が 恋しく なった。
- マイクさんは 日本語が 上手だ。
- 私 字が 下手なんです。
- 自分は 絵を 描くのが 得意です。
- 地図を 読むのが 苦手です。

☞ '잘하다'라는 표현에는「上手」와「得意」가 있다. 다른 사람에 대해 말할 때는「上手」「得意」모두 사용할 수 있지만, 자신의 기량에 대해 말할 때는「得意」를 사용하는 것이 일반적이다.「上手」를 사용하면 자랑하는 듯이 들리기 때문이다.

∴ 연습문제 ｜일본어문법교육｜

문제1 자연스러운 조사를 고르고 용법의 차이에 대해 생각해 봅시다.

(1) あした病院に / へ行くつもりです。

(2) スーパーへ買い物に / へ行きます。

(3) 弟は部屋に / へ入ると、中々外には出ない。

(4) 東京に / へ向かって旅立つ。

(5) 私は大学の寮に / で住んでいます。

(6) 部屋の中に / で遊ぶ時が多い。

(7) 庭に / で木を植える。

(8) 屋根の上に / で石を投げる。

|해 설| (1)「に / へ」　　　　(2)「に」
(3)「に」　　　　　(4)「に / へ」
(5)「に」　　　　　(6)「で」
(7)「に / で」　　　(8)「に / で」

▶ 「へ」는 '방향'을 나타내는 조사인데 반해, 「に」의 용법에는 '목적', '착점' 등이 있다. (2)는 '목적'의 의미로 쓰이고, (3)은 '착점'으로 쓰이고 있어 「へ」는 사용할 수 없다.

▶ 「に」는 '착점'이라는 뜻을 지니고 있지만, 「で」는 행위가 이루어지는 '장소'를 나타낸다. 따라서 (7)(8)은 사용하는 조사에 따라 문의 의미가 달라진다.

문제 2 자연스러운 조사를 고르고 용법의 차이에 대해 생각해 봅시다.

(1) 新幹線に / を乗って京都へ行きました。

(2) 自転車で富士山に / を登った。

(3) 階段に / をのぼって、二階に上がる。

(4) 水の上を / で走る水上バイク。

(5) 特集：長野県を / で歩く。

(6) 今晩、大学時代の友達に / と会うので帰りが遅くなる。

(7) 今週の土曜日、入院している友達に / と会うことにした。

(8) 先生に / と話し合って計画を立てる。

해설
(1) 「に」　　　「～に乗る」의 형태로 사용된다.
(2) 「に / を」　「に」는 착점의 의미로, 「を」는 이동(통과)하는 장소, 경로의 의미로 사용된다.
(3) 「を」　　　이동하는 장소, 경로의 의미이다.
(4) 「を / で」　「を」는 이동(통과)하는 장소의 의미로, 「で」는 행위의 장소라는 의미로 사용된다.
(5) 「を」　　　「を」는 「長野」를 이곳저곳 돌아본다는 의미이다. 「で」는 걷는 장소가 「長野」라는 의미가 되므로 부적절하다.
(6) 「に / と」　「～に会う」로 학습하는 경우가 많으나, 둘 다 사용할 수 있다. 「に」는 일방적 동작을, 「と」는 상호적 동작을 나타낸다.
(7) 「に」　　　일방적 동작의 의미가 강하므로 「に」가 자연스럽다.
(8) 「と」　　　상호적 동작이므로 「と」가 사용된다.

문제 3 자연스러운 조사를 고르고 용법의 차이에 대해 생각해 봅시다.

(1) ビールが / を飲みたい。

(2) A : アイスコーヒーはいかがでしょうか。
    B : そうですね、私はビールが / を飲みたいですね。

(3) 今度の講演会には日本の先生が / を呼びたい。

(4) あの有名な喫茶店のコーヒーが / を飲んでみたい。

해설 (1)「が / を」 「～が飲みたい」로 학습하는 경우가 많으나 「を」도 자연스럽다. 「が」를 사용할 경우는 한정적(다른 것이 아닌 맥주) 의미, 「を」는 비한정적 의미로 사용된다.

(2)「が」 한정적 의미로 사용되고 있으므로 「が」가 자연스럽다.

(3)「を」 대상이 사람(日本の先生)인 경우 「が」는 사용할 수 없다.

(4)「を」 동사부분이 복합형태(～てみる)를 취하고 있어 「を」가 사용된다. 이 외에 「友達に電話をかけたい」와 같이 명사와 동사의 결합력이 높은 경우도 「を」가 사용된다.

4.2 강조조사 (とりたて助詞)

■ 강조조사 (とりたて助詞)

화자가 어떤 사태에 대해서 다른 사태와의 관계를 암시하는 경우에 사용한다.

▼ 私の 誕生日に 花子も 来た。

위 예문의 「も」는 강조조사로서 「私の誕生日に花子が来た」라는 사실은 물론 「花子以外の人も来た」라는 사실도 암시하고 있다.

● 강조조사의 예와 용법

강조조사에는 다음과 같은 것이 있으며, 학교문법에서는 부조사(副助詞)나 계조사(係助詞)로 취급된다.

```
ばかり  まで  だけ  ほど  くらい etc.  : 부조사
は  も  こそ  でも  しか  さえ  etc.  : 계조사
```

❑ 한정 (限定)

- 数学だけ 勉強する。
- 遊びに 行きたいのに、父は テレビばかり 見ている。
- 韓国語しか 話せません。

❑ 누가 (累加)

- 数学も 勉強する。
- 食生活の乱れが 子供にまで 及んでいる。
- 子供にさえ 笑われてしまった。

☞ 부조사는 단정을 나타내는「だ」「です」앞에 위치할 수 있으나, 계조사는「だ」「です」앞에 위치할 수 없다.

◆ **강조조사의 전제와 함의**

- 数学だけ 勉強する。
  「数学を 勉強する」 : 전제 (前提)
  「数学 以外の 勉強は しない」 : 함의 (含意)

- 数学も 勉強する。
  「数学を 勉強する」 : 전제
  「数学 以外の 勉強も する」 : 함의

- 夕べは 九州にさえ 雪が 降った。
  「夕べは 九州に 雪が 降った」 : 전제
  「九州 以外の 地域にも 雪が 降った」 : 함의1
  「九州には 雪が 降らないと 思った」 : 함의2

연습문제 |일본어문법교육|

문제1 밑줄 친 부분의 용법에 대해 생각해 봅시다.

(1) 今、着いたばかりです。

(2) 父はいつも妹ばかりをかわいがっている。

(3) まだ、半分ばかり残っている。

(4) ゲームにはまったばかりに中々勉強に集中できない。

해설 (1) 시간표현　　　　　(2) 한정(강조조사)
　　　(3) 정도·분량　　　　(4) 원인·이유

문제2 다음 예문에서 자연스러운 조사를 고르시오.

(1) 太郎にだけ/ばかり話した。

(2) 父は、毎日お酒だけ/ばかり飲んでいる。

(3) 勉強もせずに遊んでだけ/ばかりいる。

해설 (1) だけ　　(2) ばかり　　(3) ばかり

▶ Xだけ　X 외의 것은 존재하지 않는다는 의미
　Xばかり　X가 많다는 의미로 장면에 따라서는 불만을 표출하는 경우도 있다.

4.3 종조사 (終助詞)

◼ 종조사 (終助詞)

문의 마지막에 붙어 화자의 전달태도를 나타낸다.

❏ 「か」
- これ、いくらですか。　　　[↗]　　＜질문＞
- 一緒に いきませんか。　　[↗]　　＜권유＞
- これは 何だろうか。　　　[↘]　　＜의문＞
- なるほど、そういうわけか。[↘]　　＜납득＞

❏ 「ね」
- A：暖かくなりましたね。　[↗]　　＜동의요구＞
  B：そうですね。　　　　　[↘]　　＜동의전달＞
- 掃除しておいてね。　　　　[↗]　　＜동의요구, 다짐＞
- 広いですね。　　　　　　　[↘]　　＜영탄＞

❏ 「よ」
- あぶないよ。　　　　　　　[↗]　　＜주의환기＞
- 一緒に いこうよ。　　　　　[↘]　　＜주장＞

❏ 「な」「かな」
- わかったな。　　　　　　　[↗]　　＜다짐＞
- わかるかな。　　　　　　　[↘]　　＜영탄＞

☞ 화살표는 인토네이션(イントネーション；音調)을 나타낸다.

◉ 종조사와 성(性)의 차이

▼ 종조사의 특징으로 성(性)의 차이에 따라 사용어휘가 달라진다.

- ☐ **여성어** : わ　かしら　わよ
  - 準備(じゅんび)が できた**わ**。
  - お返(かえ)しは 何(なに)が いい**かしら**。
  - わたしは それで いい**わよ**。

- ☐ **남성어** : ぜ　ぞ
  - 準備(じゅんび)が できた**ぞ**。
  - どうなっても 知(し)らない**ぜ**。

◆ 간투조사 (間投助詞(かんとうじょし))

간투조사에는 문장의 끝뿐만 아니라, 문절의 마지막 부분에도 접속해 상대에게 주의를 촉구하는 역할을 한다. 간투조사에는 「ね・さ・よ」가 있고 종조사의 분류에 포함시키는 경우도 있다.

- 最近(さいきん)**ね**、こんな 表現(ひょうげん)が**ね**、はやっている らしいよ。
- 昨日(きのう)**さ**、友達(ともだち)に 会(あ)って**さ**、映画(えいが)を 見(み)たのよ。

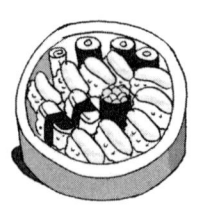

4.4 그 밖의 조사 (その他の助詞)

■ 접속조사 (接続助詞)

단어나 문을 접속하는 역할을 한다.

❑ **병렬 (並列)**
- 雨が 降ったり 止んだり します。
- 中田さんは ハンサムだし、性格も いいです。

❑ **동시동작 (同時動作)**
- テレビを 見ながら 食事を します。
- 諸事情を 考慮しつつ 計画を 立てる。

❑ **역접 (逆接)**
- 海も 楽しいけど、山も 楽しい。
- 勉強しても、中々 成績が 上がらない。

❑ **원인·이유 (原因·理由)**
- 暑いから 窓を 開けましょう。
- 雨のため 試合が 延期に なりました。

❑ **조건 (条件)**
- 今 出発すれば 間に 合いますよ。
- お湯が 涌いたら 麺を 入れてください。

◼ 명사와 명사를 연결하는 조사

명사와 명사를 연결하는 조사에는 병립조사와 「の」가 있다.

◉ 병립조사(병렬조사)

「と・か・や・とか」등의 조사는 단어와 단어를 연결하고 있어 병립조사(並立助詞) 혹은 병렬조사(並列助詞)로 분류한다.

- 太郎と 花子が 結婚した。
- ペンか 鉛筆かで 書いてください。
- 部屋の中に テレビや 電話などが ある。

◉ 「の」의 용법

「の」에는 명사와 명사를 연결하는 용법과 준체조사(체언에 준하는 조사)로서의 용법이 있다.

❑ 명사와 명사를 연결 (名詞の名詞)

- これは 私の 本です。   <소유>
- 日本語の 本を 読んだ。   <내용>
- わたしが 局長の 田中です。   <동격>

❑ 준체조사 (準体助詞)

- このぺんは あなたのですか。
- A : 青いのと 赤いのが あります。
  B : 青いのを ください。

■ 복합조사 (複合助詞)

> 격조사와 결합되어 하나의 통합된 기능을 하는 조사

- 学生としての 義務を 果たす。
- 現代社会において 重要な 問題である。
- 受験にあたっての 注意事項。
- 日本の祝日について 調べてみましょう。
- 日本語教育に関して 意見を 交換した。
- 質問に対して コメントを する。
- あなたにとって 大事な ことは 何ですか。
- 作り方によって 味も 変わってくる。
- 今大会は 今日をもって 終了とします。
- 今夜から あさってにかけて 大雨と 強風に 注意。
- 20日から 一週間にわたって 開催される イベント。

∴ 연습문제 |일본어문법교육|

문제 1 자연스러운 조사를 고르고 그 이유에 대해 생각해 봅시다.

    (1) 今日はいい天気ですね / よ。

    (2) A：会議は2時からですね / よ。
        B：はい、そうです。

    (3) あの、ハンカチ落としましたね / よ。

    (4) あれ、携帯がないな。さっきここにあったね / よね。

해설 (1)(2)「ね」　동의요구나 동의전달의 용법으로 화자도 청자도 공유하고 있는 정보에 대해 언급할 경우
       (3)「よ」　화자의 주장을 나타내며, 화자가 가지고 있는 정보를 청자에게 제공할 경우
       (4)「よね」　화자의 기억이나 판단이 현실과 다른 상황

문제 2 밑줄 친 부분의 성질이 다른 하나를 고르시오.

    (1) 私、ビールが飲みたいです。

    (2) 寿司は好きですが、てんぷらは嫌いです。

    (3) もしもし、田中と言いますが……

    (4) 野球も好きだがテニスも好きだ。

해설 (1)의「が」는 대상을 나타내는 격조사이다.
       그 밖의 예의「が」는 접속조사이다.

문제 3 자연스러운 조사를 고르고 그 이유에 대해 생각해 봅시다.

(1) 日本の年中行事について / に対して調べてみましょう。
(2) 行政の不当な命令について / に対して抗議した。
(3) 愛知県において / にとって開催する国際博覧会。
(4) 女性において / にとって喫煙はこんなに怖い。
(5) あすからあさってにかけて / にわたって帰省ラッシュはピークを向かえそうだ。
(6) 今月の20日から10日間にかけて / にわたって学園祭が開かれる。

해설
(1) について (2) に対して
(3) において (4) にとって
(5) にかけて (6) にわたって

▶ 「について」는 구체적인 '내용'에 관해 언급할 때 사용하고, 언어행위와 관계된 술어를 동반하는 경우가 많다.
「に対して」는 '대상, 방향'에 대해 언급할 때 사용한다.
▶ 「において」는 '장소, 시간, 상황'을 나타낼 때 사용하고, 「にとって」는 '입장, 신분'을 나타낼 때 사용한다.
▶ 「にかけて」는 기점과 종점의 계속성을 강조할 때 사용하고, 기간을 나타내는 표현을 동반하는 경우에는 「にわたって」가 사용된다.

5. 조동사 (助動詞)

文型

1. 息子を学校に行かせる。
2. あの映画はもう見ました。
3. 子供がおもちゃを持ちたがる。
4. 台風が近づいているらしい。

■ 조동사 (助動詞)

동사에 접속하여 시제, 상, 태, 서법 등의 문법적 기능을 나타낸다. 하나의 품사를 이루고는 있으나 아래와 같은 다양한 의미와 용법이 있다.

▼ 조동사는 아래 예와 같은 단어연쇄를 이룬다.

読む	동사
読ま**せる**	동사＋사역
読ま**せたい**	동사＋사역＋희망
読ま**せたくない**	동사＋사역＋희망＋부정
読ま**せたくなかった**	동사＋사역＋희망＋부정＋과거
読ま**せたくなかったようだ**	동사＋사역＋희망＋부정＋과거＋추정

☞ 일본어교육에서는 조동사를 하나의 품사로 인정하지 않고, 접미사나 활용어미로 취급한다. 따라서 수동, 사역, 부정, 추측 등 개개 용법의 학습에 주안을 두고 있다.

● 조동사의 용법

❑ 「せる / させる」
- 学生に 本を 読ませる。
- 生徒に 英語の勉強を させる。　　사역 (使役)

❑ 「れる / られる」
- 財布を 盗まれた。　　　　　　　수동 (受け身)
- 先生が 入って 来られた。　　　　존경 (尊敬)
- 大リーグの試合が 見られる。　　　가능 (可能)
- 故郷のことが 思い出される。　　　자발 (自発)

  ▶ 자발이란 의식하지 않은데 스스로 그렇게 된다는 뜻으로「思う」「感じる」등의 일부 동사에 한정되어 쓰인다.

❑ 「たい / たがる」
- (私は) 水が 飲みたい。
- 彼は 水を 飲みたがる。　　　　희망 (希望)

❑ 「ない」
- 詳しい ことは 知らない。
- 昨日は よく 眠れなかった。　　부정 (否定・打ち消し)

❑ 「た」
- 昨日、映画を 見に 行った。　　과거 (過去)
- あの映画は もう 見ました。　　완료 (完了)

  ▶「昨日」「もう」로 각각 과거와 완료라는 의미를 파악할 수 있다. 일본어와 달리 영어는 과거와 완료의 형식에 차이가 있다.

- 「ようだ / らしい」
    - 誰(だれ)も いないようだ。
    - 明日(あした)は 雨(あめ)が 降(ふ)るらしい。　　　추정 (推定)
        - ▶ 추정이란 '아무도 없다', '내일은 비가 온다'라는 사실을 객관적인 근거(화자의 확인, 일기예보 등)에 의해 판단함을 말한다.

- 「だろう」
    - 彼(かれ)は 来(こ)ないだろう。　　　추측(推測・推量)
        - ▶ 추측(추량)이란 '그는 오지 않는다'라는 사실을 주관적으로 판단, 짐작함을 말한다.

- 「そうだ」
    - 雨(あめ)が 降(ふ)りそうだ。　　　양태 (様態)
    - 雨(あめ)が 降(ふ)るそうだ。　　　전문 (伝聞)
        - ▶「そうだ」앞의 동사의 접속형태가 ます형인가 사전형(기본형)인가 따라 의미가 달라진다.

- 「う / よう」
    - もう 寝(ね)ようと 思(おも)います。　　　의지 (意志)
    - 一緒(いっしょ)に 行(い)こう。　　　권유 (勧誘)

- 「まい」
    - 子供(こども)でも あるまいし。　　　부정추량 (否定推量)
    - もう 二度(にど)と 行(い)くまい。　　　부정의지 (否定意思)

- 「ます」
    - 本(ほん)を 読(よ)みます。　　　정중 (丁寧)

- 「だ / です」
    - わたしは 大学生(だいがくせい)だ。
    - 田中(たなか)さんは 会社員(かいしゃいん)です。　　　단정 (断定)

◨ 보조동사 (補助動詞)

> 동사의 보조적인 역할을 하는 동사로, 동사의 テ형 뒤에 붙어 사용된다.

▼ 木から 枯れ葉が 落ちる。　　：본동사
　木から 枯れ葉が 落ちている。　：본동사＋보조동사

- 子供が 本を 見ている。
- この皿は 洗ってある。
- 車の性能を 試してみる。
- お酒は たくさん 買っておいた。
- 疲れたのか つい 眠ってしまった。
- この本、貸してあげる / てやる。
- 席を 譲ってもらう。
- 彼が 家まで 送ってくれた。
- 春も 終わっていく。
- 夏が 近づいてくる。

∴ 연습문제 |일본어문법교육|

문제1 다음 예문 중 잘못된 표현을 찾아 바르게 고치시오.

(1) わたしはジュースを飲みたいです。

(2) 彼はコーヒーが飲みたいらしい。

(3) 新しい車がほしいです。

(4) 子供はあのプラモデルをほしい。

해설 (4)「~をほしい」→「~をほしがる」「~をほしがっている」
　　　　　　　　　　　　「~がほしいようだ / らしい / のだ」

▶ 「たい」「ほしい」의 인칭과 용법
  • 私は ボーリングが したい。 / 私は バイクが ほしい。
  • 彼は ボーリングを したがる。 / 彼は バイクを ほしがる。

문제2 다음 예문에 나타난「ない」의 차이에 대해 생각해 봅시다.

(1) 土曜日は行かない。　　(2) お金がない。

(3) 高くはない。　　　　　(4) 学生ではない。

해설 (1) 동사 뒤에 붙어 부정의 뜻을 나타내는 조동사이다.
　　　(2) '없다'라는 비존재를 나타내는 형용사로 자립어이다.
　　　(3)(4) 형용사나 명사에 접속한 보조형용사로 부속어이다.

5. 조동사 **103**

문제 3 밑줄 친 부분의 의미에 대해 생각해 봅시다.

(1) 朝早く起きられる。
(2) 先生は朝早く起きられる。
(3) 子供に朝早く起きられる。
(4) この文は二つの部分に分けられる。
(5) その問題はこのように考えられる。
(6) 朝9時に会場まで来られる方。

해설 ▶ 「れる/られる」에는 수동, 존경, 가능, 자발의 용법이 있다.

    (1) 가능　　　~일어날 수 있다
    (2) 존경　　　~일어나시다
    (3) 수동　　　~일어남을 당하다
    (4) 수동/가능　~나누어진다/~나눌 수 있다
    (5) 가능/자발　~생각할 수 있다/~생각된다
    (6) 존경/가능　~오시는/~올 수 있는

III
술부의 구조
(述部の構造)

1. 시제 (時制 ; テンス)
2. 상 (相 ; アスペクト)
3. 태 (態 ; ヴォイス)
4. 서법 (命題 ; モダリティ)

1. 시제 (時制 ; テンス)

文型

1. 昨日デパートに行きました。
2. ハワイに行くとき買った帽子です。
3. A : あの映画見ましたか。
   B : いいえ、**まだ**見ていません。
4. おなかがすきました。

■ 시제 (時制 ; テンス)

문에 나타내는 사태의 시간관계가 현재 (발화시점) 보다 전인가 후인가를 나타내는 문법수단

◉ 동작동사의 시제

	과거	현재	미래
동작동사	書いた	書いている	書く
	走った	走っている	走る
	食べた	食べている	食べる

▼ 동작동사의 비과거형(ル형)은 **미래**를 나타낸다.

- 去年、日本へ 行きました。　　　[과거]
- また、電話する。　　　　　　　[미래]
- 今、映画を 見ています。　　　　[현재]

1. 시제 **107**

◉ 상태성 술어의 시제

	과거	현재	미래
상태성 술어	あった	ある	-
	若(わか)かった	若(わか)い	-
	学生(がくせい)だった	学生(がくせい)だ	-

▼ 상태성 술어의 비과거형은 기본적으로 **현재**를 나타낸다.

- 象(ぞう)が いる。　　いい 本(ほん)が ある。　　[현재]
- 桜(さくら)は 美(うつく)しい。　町(まち)が きれいだ。　　[현재]
- 彼(かれ)は 独身(どくしん)だ。　　　　　　　　[현재]

▼ 상태성 술어의 비과거형이 **미래**를 나타내는 경우도 있다.

- 明日(あした)は 東京(とうきょう)に いる。　　　[미래]
- 来月(らいげつ)からは 大学生(だいがくせい)だ。　　[미래]

◉ 「夕」의 의미 ; 과거와 완료

- A : 昨日(きのう) テレビで やった 映画(えいが)、見(み)ましたか。
  B : はい、見ました。　　　　: 과거긍정
  　　いいえ、見ませんでした。　: 과거부정

- A : 上映中(じょうえいちゅう)の あの映画(えいが)、見(み)ましたか。
  B : はい、もう 見ました。　　　: 완료
  　　いいえ、まだ 見ていません。: 미완료
  　　いいえ、まだ 見ませんでした。(×)

▶ 미완료를 나타내는 경우는 「ている」를 사용한다.

  ❏ 과거 : 사태가 발생한 시점이 발화시 이전이라는 것
  ❏ 완료 : 발화시 이전에 동작이나 사태가 완결한 것

◆ タ형의 관용적인 용법

현재의 상태를 나타내고 있음에도「タ」를 사용하는 표현

- おなかが すいた。 / 喉が かわいた。
- ああ、疲れた。
- こりゃ、困ったなあ。
- 本当に よかったですね。
- それは 残念でした。

◆ ムードの「タ」

다음 예문에서 사용된「タ」는 시제로는 설명할 수 없는 표현으로, 이를 **ムードの「タ」**라고 한다.

- あった、あった、ここに ありました。
- そうか、月曜日は 休館日だった。
- 明日の試合は 勝った。（勝ったのも同然だ）
- （バスが来るのを見て）来た、来た。
- もう、辞めた ほうがいい。
- さあ、どいた どいた。

☞ 한국어의 '-었'의 경우도 과거 이외에 현재의 상태를 나타내거나 시제로는 설명할 수 없는 용법이 있다. 일본어와의 공통점과 차이점에 대해 조사해 보자.

∴ 연습문제 |일본어문법교육|

문제 1 다음 예문에 나타난 시제가 다른 하나를 고르시오.

(1) 地球は太陽を回る。
(2) 最近よく演劇を見る。
(3) 今日はどうも腰が痛む。
(4) 僕は、明日ここにいる。

해 설 (4)는 미래, 그 밖의 예문은 현재를 나타낸다.

(1) 「回る」는 동작동사이나 자연법칙, 진리를 나타내는 상태 표현으로 사용되고 있다.
(2) 「見る」는 동작동사이나 반복되는 사태를 표현하여 전체적으로는 상태를 나타내고 있다.
(3) 「痛む」는 1인칭 주체의 상태를 나타낸다.
(4) 「いる」는 상태동사이나 「明日」와 함께 사용되어 미래를 나타내고 있다.

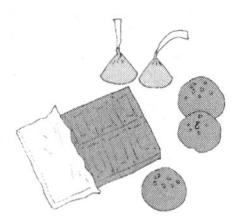

문제2 밑줄 친 부분의 성질이 다른 하나를 고르시오.

(1) 昨日、野球を見に行っ<u>た</u>。
(2) 早く行っ<u>た</u>ほうがいいですよ。
(3) 終わっ<u>た</u>人は帰ってもいい。
(4) わたしも学生時代はきれいだっ<u>た</u>。

해설 (2)의 「タ」는 「ムードのタ」이고, 그 밖의 예는 과거・완료를 나타내는 「タ」이다.

▶ 「〜したほうがいい」는 화자가 청자에 대해 의견이나 제안을 적극적으로 표현하는 경우에 사용한다. 즉 상대에게 선택의 여지가 없는 완곡한 명령표현이 된다. 단, 부정형일 경우는 과거형을 사용하지 않는다.
• 今の時間じゃ、行かないほうがいい。

문제 3   밑줄 친 부분의 시간적 순서에 대해 생각해 봅시다.

(1) ハワイへ行くとき、かばんを買う。

(2) ハワイへ行ったとき、かばんを買う。

(3) ハワイへ行くとき、かばんを買った。

(4) ハワイへ行ったとき、かばんを買った。

해설   (1)「かばんを買って、ハワイへ行くつもりだ」
     : 가방을 사다   → 하와이에 가다
   (2)「今度ハワイに行って、そこでかばんを買う」
     : 하와이에 가다   → 가방을 사다
   (3)「ハワイに行く前に、かばんを買った」
     : 가방을 사다   → 하와이에 가다
   (4)「ハワイに行って、そこでかばんを買った」
     : 하와이에 가다   → 가방을 사다

▶ 주절의 시제는 발화시를 기준으로 한 전후관계를 나타내며 이를 **절대시제(絶対テンス)**라 한다. 반면, 종속절의 시제는 발화시가 아닌 주절의 시제를 기준으로 한 전후관계를 나타낸다. 이를 **상대시제(相対テンス)**라 한다.

2. 상 (相 ; アスペクト)

文型

1. これから走るところです。
2. 雨が降り出しました。
3. 運動場で子供が遊んでいる。
4. 家の前に車が止まっている。

■ 상 (相 ; アスペクト)

동작이나 사태가 시간축 상에서 어떠한 단계에 있는가를 나타내는 문법수단

```
走るところだ    走り出す    走っている    走った
─────────────────────────────────────────────→
  개시직전        개시         진행        완료/과거
```

● 상과 동사분류

명칭	특징	예
계속동사	동작이 일정 이상의 시간이 걸리는 동사	遊ぶ・書く・走る・食べる・話す・勉強する
순간동사	동작이 한순간에 완료되는 동사	止まる・開く・死ぬ・起きる・閉まる・結婚する
상태동사	「ている」의 형태가 불가능한 동사	ある・いる・要る・できる(가능)・書ける
형용사적 동사	항상「ている」의 형태로 사용되는 동사	優れる・そびえる・とがる・ばかげる

◉ 「ている」의 용법

▼ 「ている」는 상을 나타내는 대표적인 표현으로 다양한 용법이 있다.

❶ 진행(進行) : 계속동사와 결합하는 경우

- 公園で 散歩している
- 雨が しとしと 降りつづいている。
- 5年前から 日本語を 勉強している。
- 返事が 来るのを 待っている。

❷ 결과상태(結果状態) : 순간동사와 결합하는 경우

- 家の前に 車が 止まっている。
- 窓が 開いている。
- 台風で 木が 倒れている。
- 私は 今 学校に 来ています。

❸ 항상적인 상태 : 형용사적인 동사

- 彼の論文は 優れている。
- 山が そびえている。
- この道は 曲がっている。

☞ 다음 예도 항상 「ている」의 형태를 취한다.
「二人はよく似ている」「先がとがっている」「つながっている」
단, 연체형으로 사용되는 경우는 「た」의 형태를 취한다.
「優れた作品を残した」「曲がった道」「似たもの同士」

❹ 경험 (経験)

- 昨年、彼女は 大会で 優勝している。
- 彼は 昔、大怪我を している。
- 北海道には もう 3回 行っている。

❺ 반복 (反復 ; 繰り返し)

- いつも 故郷のことを 思っている。
- 毎年、多くの 人が 死んでいる。
- 彼女は 週2回 バイトに 行っている。

❻ 완료 (完了 ; パーフェクト)

- 子供が 大学に 入る 頃には、父親は もう 定年退職しているだろう。
- 彼女が 気づいた とき、彼は もう 意識を なくしていた。

▼ 「ている」는 진행과 상태라는 대표적인 용법을 지니고, 그 밖의 용법은 진행과 상태의 의미에서 파생된 용법으로 생각할 수 있다.

◆ 상(アスペクト)적인 표현

□ 개시직전 (開始直前)

薬を 飲もうとしている。　　これから 行くところだ。

□ 개시 (開始)

車が 動き始める。　　雨が 降り出した。

□ 진행 (進行)

人々が 歩いている。　　食べている ところだ。
今、会議中です。　　何時間も 歩き続ける。

□ 완료・결과 (完了・結果)

今、来たばかりだ。　　今、来たところだ。
辞書に 書いてある。　　全部 食べてしまった。
小説を 読み終わる。　　10キロを 走りきった。

□ 변화 (変化)

前から この問題に 取り組んできた。
これから 対策を 考えていきましょう。

☞ 「てくる」「ていく」가 인간의 행위를 나타내는 경우(공간적 이동의 의미)는 アスペクト표현으로 취급하지 않는다.

- 何か 買ってきます。
- いっぱい 飲んでいきましょう。

◆ 「てある」의 용법

「て」 앞에 붙는 동사는 **타동사**이다.
누군가가 행한 행위의 결과로 남아있는 **상태**를 나타내며, **동작주(행위자)**의 존재가 인식된다.

▼ テーブルの上に 花が 飾ってある。

「飾る」는 '장식하다'라는 의미의 **타동사**이다.
누군가 꽃을 장식해 놓은 결과, 현재 꽃이 장식된 **상태**에 있다는 의미이다.

- 辞書に 書いて**あり**ます。
- 本は テーブルの上に おいて**ある**。
- のれんは 7時まで 出して**ある**。
- パソコンは もう 直して**ある**。
- パスポートは とって**ある**ので、安心だ。
- 起きてみると、もう 朝ご飯が 作って**あった**。
- お酒は 買って**ある**。

연습문제 |일본어문법교육|

문제1 밑줄 친 부분의 성질이 다른 하나를 고르시오.

(1) 研修に行った人たちが帰った。
(2) 後ろに座った人が手をあげた。
(3) スポーツカーに乗った中年の男。
(4) 眼鏡をかけた学生が多い。

해설 (1)은 과거를 나타내는「た」이다. 그 밖의 예문의「た」는 상태를 나타내며,「ている」와 의미적인 차이가 없다. 계속동사와 순간동사의 차이에서 오는 용법의 차이라고 생각할 수 있다.

문제2 다음 예문의 의미적인 차이에 대해 생각해 봅시다.

(1) 窓が開いている。　　(2) 車が止まっている。
(3) 窓が開けてある。　　(4) 車が止めてある。

해설 (1) '창문이 열려 있다'　　(2) '차가 세워져 있다'
(3) 누군가 창문을 열어 놓은 결과 '창문이 열려 있다'
(4) 누군가 차를 세워 놓은 결과 '차가 세워져 있다'

▶ 「てある」는 동작주의 존재가 인식되지만,
　「ている」는 동작주의 존재는 인식되지 않는다.

문제 3 「ばかり」와 「ところ」 중 옳은 것을 고르고 그 이유에 대해 생각해 봅시다.

(1) 今、帰ったばかり / ところです。

(2) 生まれたばかり / ところの赤ちゃん。

(3) A : 今、どこですか。
　　B : 今、電車に乗ったばかり / ところです。

(4) 韓国に来たばかり / ところで、まだ韓国語は下手です。

해 설 (1) 「ばかり / ところ」 : 두 형식 모두 동작이 완료되어 얼마 되지 않은 상태를 나타낸다.

(2) 「ばかり」 : 단순히 어떤 일이 일어난 직후를 나타낸다.

(3) 「ところ」 : 시간적인 직후를 나타내며, 다음 행동으로 옮기기 전이라는 의미를 동반한다. 즉 지금 전철을 막 탔고 이어서 다음 행동이 이어진다는 뜻이다.

(4) 「ばかり」 : 심리적인 직후를 나타내며, 후건에 화자의 느낌, 이유를 동반한다. 즉 한국에 온 시간이 심리적으로 짧다는 뜻으로 그래서 한국어가 서툴다는 화자의 느낌을 나타낸다.

3. 태 (態 ; ヴォイス)

文型
1. 先生が花子を呼んだ。
2. 花子が先生に呼ばれた。
3. 大変、お待たせしました。
4. 先輩に無理やり飲まされた。

■ 태 (態 ; ヴォイス)

동사에 표현되어 있는 사태를 어떠한 시점에서 보는가에 따라 구별하는 문법형식으로 **능동태**와 **수동태**가 있으며, **사역**도 태의 범주에 포함시킬 수 있다.

- ▼ 아래 문은 'A가 B를 때렸다'라는 사실은 동일하나 시점을 어디에 두고 문을 전개하는가는 차이가 있다.

  - AがBを殴った。　　　　: 능동태 (能動態)
    → 동작주(행위자)인 A의 시점에서 문을 전개

  - BがAに殴られた。　　　: 수동태 (受動態)
    → 피동작주인 B의 시점에서 문을 전개

  - CがAにBを殴らせた。　: 사역태 (使役態)
    → 행위를 실현시키고자 하는 C의 시점에서 문을 전개

3.1 수동 (受け身)

■ 능동문과 수동문

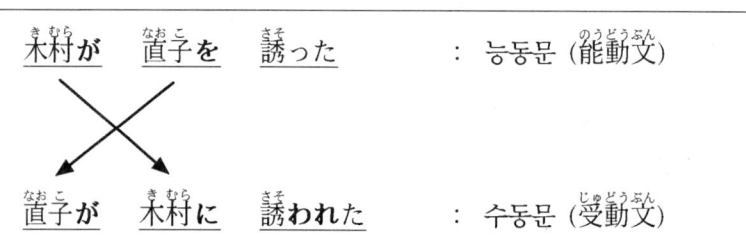

- 木村が 直子を 誘った : 능동문 (能動文)
- 直子が 木村に 誘われた : 수동문 (受動文)

◆ 능동문의 **ヲ격**이 수동문의 **ガ격**이 된다.
  능동문의 **ガ격**이 수동문의 **ニ격**이 된다.

❃ 수동형의 활용예

❏ 1그룹동사

殺す → 殺される　　打つ → 打たれる
売る → 売られる　　使う → 使われる

❏ 2그룹동사

見る → 見られる　　開ける → 開けられる
捨てる → 捨てられる　助ける → 助けられる

❏ 3그룹동사

する → される　　来る → こられる

- 日本語で 書かれた 本を 読みます。
- 最近、よく 売られる タイプです。
- 中田君に ふられてしまいました。
- この本は 多くの 人に 読まれている。

◉ 수동문의 분류

▼ 수동문은 크게 직접수동문과 간접수동문으로 분류된다.

❶ 직접수동문 (直接受け身)

> 상대방으로부터 직접적인 영향을 받는 경우의 수동문
> 직접수동문에 쓰이는 동사는 타동사이다.

- 中田が 直子を 叩いた。→ 直子が 中田に 叩かれた。
- 先生が 一郎を ほめた。→ 一郎が 先生に ほめられた。
- 先生が 大介を 叱った。→ 大介が 先生に 叱られた。
- 中田は 直子を 抱いた。→ 直子は 中田に 抱かれた。

❷ 간접수동문 (間接受け身)

> 일본어 수동문의 특징으로 주어가 어떤 행위나 사태에 의해 간접적으로 피해를 입는 경우의 수동문이다.
> 간접수동문에는 피해수동문과 소유수동문이 있다.

☐ 피해수동문 (迷惑受け身, 被害受け身)

- 雨に 降られた。
- 風に 吹かれた。
- 私は 父に 死なれた。　　　　　　　　: 자동사
- 先生に 大介を ほめられた。
- 木村が 大介に 先に 問題を 解かれた。: 타동사

❑ 소유수동문 (所有の受け身)

ヲ격 명사가 주어와 소유관계에 있는 수동문

- 私は 隣りの人に 足を 踏まれた。
- 私は 電車の中で 財布を 盗まれた。
- 金君が 先生に 絵を ほめられた。

☞ 직접수동문과 달리 간접수동문(피해수동문과 소유수동문)은 직접 대응하는 능동문을 가지지 않는다.

◆ 수동문에 나타난 행위자

행위자가 불특정 다수인 경우, 또는 행위자가 누구인지 중요하지 않는 수동문의 예이다.

- この寺は 100年前に 建てられました。
- みんなに よく 知られている お話です。
- この地方の 花火大会は 年に 一回 行われる。
- この歌は 多くの 人に 愛されている。

연습문제 | 일본어문법교육 |

문제1 밑줄 친 부분의 성질이 다른 하나를 고르시오.

(1) 深夜3時まで隣りの人に騒がれた。
(2) ゆうべは子供に泣かれてよく寝られなかった。
(3) 知らない人に声をかけられた。
(4) 毎日、遊びに来られて困っている。

해설 (3)은 능동문으로의 변형이 가능한 직접수동문이다. 그 밖의 예문은 간접수동문이다.

문제2 밑줄 친 부분에 들어갈 적절한 조사를 고르시오.

に	から	によって

(1) 市長_____優勝者に花束が渡された。
(2) 彼女は多くの人_____愛されている。
(3) この寺は中国の人_____建てられた。

해설
(1) 「から」   「与える・送る」 등 사물의 이동과 관련된 동사
(2) 「に / から」 「憎む・尊敬する」 등 감정을 나타내는 동사
(3) 「によって」 「作る・壊す」 등 생산・파괴와 관련된 동사

3. 태 125

3.2 사역 (使役)

■ 사역문 (使役文)

❏ 자동사 (自動詞)

子供が 泣いた。　　　→　親が 子供を 泣かせた。
母が 学校に 行く。　　→　(誰が) 母を 学校に 行かせる。
花が 咲く。　　　　　→　(誰が) 花を 咲かせる。

❏ 타동사 (他動詞)

木村が 歌を 歌う。　　→　先生が 木村に 歌を 歌わせる。
花子が 酒を 飲んだ。　→　(誰が) 花子に 酒を 飲ませた。
子供が 絵本を 見る。　→　(誰が) 子供に 絵本を 見させる。

◆ 능동문의 **ガ격**이 사역문의 **ニ격** 혹은 **ヲ격**이 된다.

✱ 사역형의 활용예

❏ 1그룹동사

会う　→　会わせる　　　作る　→　作らせる
知る　→　知らせる　　　聞く　→　聞かせる
喜ぶ　→　喜ばせる

❏ 2그룹동사

見る　→　見させる　　　辞める　→　辞めさせる
考える　→　考えさせる　食べる　→　食べさせる

❏ 3그룹동사

する　→　させる　　　来る　→　こさせる

◉ 사역문의 용법

❏ **강제(強制)** : 상대방의 의지에 관계없이 강제로 시키는 경우
- 先生が 日本語の本を 読ませました。
- 母は 父に 掃除を させました。

❏ **방임(放任)** : 상대방의 행위를 방임·용인하는 경우
- 子共に したいように させた。
- 先生は 自由に 部屋を 使わせた。

❏ **유발(誘發)** : 의도하지 않았으나 결과적으로 그렇게 되는 경우
- 彼女を 2時間も 待たせてしまった。
- 父を 怒らせてしまいました。

❏ **허가(許可)** : 상대방에게 허가를 구하는 경우
- 明日は 休ませてください。
- 今日は 早めに 帰らせてもらった。

◉ 「させていただく」표현

「せる/させる」에 「いただく」가 결합한 형태로 상대방에게 허가를 구함으로써 화자의 겸양적인 자세를 표현한다.

- 歌わせていただきます。
- それでは、始めさせていただきます。
- すみません。遠慮させていただきます。
- 今日は 早退させていただきたいのですが。
- 6月より 営業時間を 変更させていただきます。

◆ 「さ入れ言葉」

본래 「せる」를 붙이는 1그룹동사에 「させる」를 붙인 오용으로 「させていただく」라는 정형화된 표현을 1그룹동사에까지 일반화한 표현이다.

- 読まさせていただく
- 終わらさせていただく
- 行かさせていただく

◉ 사역수동문 (使役受け身)

사역형과 수동형이 혼재되어 있는 형태로 어떤 행위를 스스로 한 것이 아니라 강제로 그렇게 되어 피해를 입었다는 의미

- 母に 掃除を させられました。
- 電車が 来なくて、1時間も 待たされた。
- 買う つもりじゃなかったのに、買わされてしまった。
- 母親が 子供に 泣かされた。
- 戦争の 勝利を 信じさせられてきた。

☞ 「待つ/買う/泣く」의 사역수동형은 「待たせられる/買わせられる/泣かせられる」가 되지만 축약형인 「待たされる/買わされる/泣かされる」가 흔히 사용된다. 단, 2그룹동사와 변격동사의 경우는 「食べさせられる」「させられる」의 형태로만 쓰인다.

∴ 연습문제 |일본어문법교육|

문제1 자연스러운 조사를 고르고 그 이유에 대해 생각해 봅시다.

(1) 母が子供を / に泳がせた。

(2) 部長、僕を / にやらせてください。

(3) 名古屋まで車を / に走らせた。

(4) 花子を / に歌を歌わせた。

[해 설] (1) 「を / に」　「を」는 동작주의 의향을 고려하지 않은 표현(강제적)이고, 「に」는 동작주의 의향이 들어갈 여지가 있는 표현이다.
　　　　(2) 「に」　　　행위의 허가(許可)를 구하는 경우
　　　　(3) 「を」　　　대상이 사물일 경우 「を」가 사용된다.
　　　　(4) 「に」　　　이중ヲ격(二重ヲ格)이라는 제한이 있다.

문제2 부자연스러운 표현을 찾아 바르게 고치시오.

(1) 明日は休ませていただきます。

(2) 只今より講演会を始めさせていただきます。

(3) 僕に行かさせてください。

(4) 先生に本を読まされました。

[해 설] (3) 「行かさせて」　→　「行かせて」

문제 3 밑줄 친 부분의 성질이 다른 하나를 고치시오.

(1) 予選で強い相手に<u>落とされ</u>た。
(2) 先輩に歌を<u>歌わされ</u>た。
(3) 高いものを<u>買わされ</u>てしまった。
(4) 先生に作文を<u>書かされ</u>た。

해설 (1)은 「落とす」가 「落とされる」로 변형된 직접수동의 형태이다. 그 밖의 예문은 사역과 수동이 결합된 사역수동형으로 강제적으로 그렇게 되었다는 의미로 사용된다.

문제 4 자연스러운 표현을 고르고 그 이유에 대해 생각해 봅시다

(1) 子供を台の上に<u>立てた / 立たせた</u>。
(2) 学園祭の看板を<u>立てた / 立たせた</u>。
(3) 子供が人形に服を<u>着せる / 着させる</u>。
(4) 子供に自分で服を<u>着せる / 着させる</u>。

해설 (1) 立たせた   (2) 立てた
　　　(3) 着せる   (4) 着させる

▶ 「立てる」「着せる」는 타동사이고, 「立たせる」「着させる」는 「立つ」「着る」의 사역형이다.

---

4. 서법 (叙法 ; モダリティ)

文型

1. **たぶん**山田さん**は**あした来ない**でしょうね**。
2. **どうぞ**、たくさん食べて**ください**。
3. 彼女も今回のテストに参加する**らしい**。
4. あの人**なら**知っている**はずだ**。

■ 명제와 모달리티

인간이 발화(発話)할 때에는 객관적인 사태와 함께 다양한 기분·감정을 나타낸다. 문장에서 객관적인 사태를 나타내는 부분을 명제(命題, proposition) 혹은 사태(dictum)라 하고, 명제에 대한 화자의 태도·기분 등의 표현방식을 서법(叙法, mood) 혹은 모달리티(モダリティ, modality)라고 한다.

▼ <u>たぶん</u> 山田さん<u>は</u> あした 来ない <u>でしょう</u> <u>ね</u>

위 문장에서 [山田さんがあした来ない] 부분이 객관적인 명제를 말한다. 그리고 「たぶん」「は」「でしょう」「ね」가 명제에 대한 화자의 기분·감정을 나타내는 모달리티 표현이 된다. 명제와 모달리티의 관계는 아래 그림과 같이 표현할 수 있다.

たぶん は	山田さんがあした来ない	でしょう ね

4.1 모달리티 (モダリティ)

■ 모달리티 표현

화자의 심적 태도를 나타내는 모달리티 표현에는 문말표현, 부사적 표현, 강조조사, 종조사 등이 있다.

❶ 문말표현 (文末表現)

□ 인식적 표현
でしょう　ようだ　らしい　かもしれない　と思う　etc.

□ 행위적 표현
ましょう　てください　しなさい　なければならない　etc.

- 何か 勘違いしているようだ / かもしれない。
- 一緒に 飲みに 行きしょう。
- もう ゲームは やめて 寝なさい / 寝たら。
- 借りた お金は 早く 返さなければならない。

❷ 부사적 표현 (副詞的表現)

□ 부사　　たぶん　きっと　ぜひ　どうぞ　etc.
□ 감동사　あのね　あら　そう　はい　etc.

- 彼女、きっと 何かを 隠している。
- どうぞ、上がってください。
- ねえねえ、知ってる?

❸ 강조조사 (とりたて助詞)

| は　も　さえ　だけ　しか　ばかり　etc. |

- あした**も** 休みです。
- ろくに 返事**さえ** できない。
- 勉強は しないで 遊んで**ばかり** いる。

◆ 강조조사와 평가(評価)

- 夕べは 1時間 勉強した。
  → 객관적인 사태의 서술
- 夕べは 1時間**も** 勉強した。
  → 사태에 대한 긍정적 평가
- 夕べは 1時間**だけ** 勉強した。
- 夕べは 1時間**しか** 勉強しなかった。
  → 사태에 대한 부정적 평가

❹ 종조사 (終助詞)

| ね　よ　か　わ　かしら　かな　etc. |

- 今日は いい 天気です**ね**。
- 彼に 会いたくなった**わ**。
- この服、似合う**かしら**。

연습문제 |일본어문법교육|

문제 1 다음 예문에서 명제와 모달리티를 분리해 봅시다.

(1) ディズニーランドに行ってみたいな。
(2) 彼女、国へ帰るそうです。
(3) 彼はいい車に乗っている。きっと金持ちにちがいない。
(4) ここで煙草を吸ってはいけません。
(5) 疲れているみたいね。少し休んだほうがいいよ。

해설 (1) 명제:　　[ディズニーランドに行ってみる]
　　　　모달리티:「たい」「な」
　　(2) 명제:　　[彼女が国へ帰る]
　　　　모달리티:「そうだ」「です」
　　(3) 명제:　　[彼がいい車に乗っている] [金持ちだ]
　　　　모달리티:「は」「きっと」「にちがいない」
　　(4) 명제:　　[ここで煙草を吸う]
　　　　모달리티:「てはいけない」「ません」
　　(5) 명제:　　[疲れている] [少し休む]
　　　　모달리티:「みたい」「ね」「ほうがいい」「よ」

문제 2 밑줄 친 부분의 성질이 다른 하나를 고르시오.

(1) 私の夢は何時かなうの<u>だろう</u>。
(2) このケーキ食べ<u>てもいい</u>ですか。
(3) きっと何かの理由がある<u>に違いない</u>。
(4) 9時の便だからもう実家に着いている<u>はずだ</u>。

해 설 (2)는 행위적 표현이고, 그 밖의 예문은 인식적 표현이다.

▶ 문말의 모달리티에는 명제에 대한 화자의 인식·판단을 나타내는 인식적 표현와 의뢰, 명령, 의무, 허가 등의 행위방식을 나타내는 행위적 표현으로 구분할 수 있다.

문제 3 자연스러운 표현을 고르고 그 이유에 대해 생각해 봅시다.

(1) 生徒に対して公平で<u>あるべきだ</u>/公平で<u>なければならない</u>。
(2) 早朝会議があって、早く<u>起きるべきだ</u>/<u>起きなければならない</u>。
(3) 卒業するためには論文を<u>書くべきだ</u>/<u>書かなければならない</u>。

해 설 (1) べきだ/なければならない　　(2)(3) なければならない

▶ 「べきだ」는 동작주가 그 행위를 선택할 수 있는 경우에 사용되며, 행위는 윤리·도덕적 기준에 근거하는 경우가 많다. 반면 「なければならない」는 그 행위가 의무적으로 요구되는 경우에 사용된다.

4.2 「ようだ / らしい / そうだ」

■ 추측표현 (推測表現)

화자의 추측을 나타내거나 단정을 회피하는 표현
대표적으로 「ようだ」「らしい」「そうだ」 등이 있다
의미적으로는 유사하나 쓰임과 뉘앙스에는 차이가 있다.

- 雨が 降るようだ。
- 雨が 降るらしい。
- 雨が 降りそうだ。

☞ 추측을 나타내는 표현에는 이 외에도 「だろう」「にちがいない」「かもしれない」 등이 있다.
- 雨が 降るだろう / にちがいない / かもしれない。

● 「ヨウダ」

화자 자신이 직접 보거나 체험한 것과 같이 **직접적**으로 얻은 정보를 나타내는 경우

- どうも 腰が 痛いな。明日は 雨が 降る**ようだ**ね。
- 2階の 部屋に 灯りが ついている。妹が 戻っている**ようだ**。
- 君、最近 少し やせた**みたい**ね。

☞ 「みたいだ」는 「ようだ」의 회화체적인 표현으로 사용된다.

◉ 「ラシイ」

> 타인의 이야기를 들었거나 책이나 신문 등 **간접적**으로 얻은 정보를 나타내는 경우

- (他人の話や天気予報を聞いて) 明日は 雨が 降るらしい。
- 最近、この写真集が すごく 売れるらしいです。
- 田中さんの話によると、キムさんは 来年 留学に 行くらしいよ。

◆ 「ようだ」와 「らしい」

ようだ	らしい
체험이나 경험에 의한 판단	주로 청각적 정보에 의한 판단
「らしい」보다 주관적	「ようだ」보다 객관적
화자의 관심도가 다소 높음	화자의 관심도가 다소 낮음

◉ 「ソウダ」

> 직접 확인하지는 않았지만 그렇게 보이는 경우
> 어떤 상황이 금방이라도 일어날 것 같은 경우

- (空が急に暗くなったのを見て) 今にも 雨が 降りそうだ。
- どこにでも ありそうな 風景。
- 高そうな 時計ですね。
- 生徒の演奏を 不安そうに 見守っていた。

☞ 「イ형용사」+「そうだ」의 경우 「ない」는 「なさそうだ」,
　「良い」는 「よさそうだ」와 같이 특수하게 활용한다.

◆ 추측 이외의 표현

❑ 「ようだ」
- 彼女は 氷のように 冷たい。　　　＜비유＞
- お父さんのように やりなさい。　＜예시＞
- 開始時間に 遅れないように。　　＜주의＞
- どうか、試験に 受かるように。　＜기원＞

❑ 「らしい」
- 学生らしい 服装を しなさい。
- 男らしい 性格だ。　　　　　　　＜접미사＞

❑ 「そうだ」
- 来週から 梅雨が 始まるそうです。
- 図書館は 月曜日 休館だそうだ。　＜전문＞

∴ 연습문제 ▎일본어문법교육▎

문제1 다음 예문에서 「ようだ」「らしい」를 고르고 그 이유에 대해 생각해 봅시다.

(1) 彼はどこへも行きたくないようだ / らしい。

(2) 花子が咳をしている。風邪を引いたようだ / らしい。

(3) 私、風邪を引いたようです / らしいです。頭が痛いです。

(4) 天気予報で聞いたけど、台風が近づいているようだ / らしい。

해설 (1) 「ようだ / らしい」 모두 사용할 수 있다. 단, 「ようだ」에 비해 「らしい」가 '그(彼)'에 대한 화자의 관심도가 낮다. 또한 「らしい」는 누구로부터 들은 정보라는 뉘앙스가 있다.
(2) 눈앞의 상황을 직접 보고 판단하고 있으므로 「ようだ」가 자연스럽다.
(3) 화자 자신의 신체에 대해 얘기하고 있으므로 「ようだ」가 자연스럽다.
(4) 「天気予報」라는 전문에 의한 정보이므로 「らしい」가 자연스럽다.

문제2 다음 예문의 의미적인 차이에 대해 생각해 봅시다.

(1) 木村さんは男のような人だ。
(2) 木村さんは男らしい人だ。
(3) 今日は春のような天気です。
(4) 今日は春らしい天気です。

해설 (1) 木村さんは男ではない (2) 木村さんは男である
(3) 今日は春ではない (4) 今日は春である

문제3 다음 예문의 의미적인 차이에 대해 생각해 봅시다.

(1) この部屋には何もないようだ。
(2) この部屋には何もなさそうだ。

해설 (1) 화자가 직접 찾아보았거나 주변 상황 등을 통해 '아무것도 없는 것 같다'라고 판단하는 경우
(2) 구체적인 정보가 없이 단지 '그렇게 보인다'라는 의미로 사용되는 경우

4.3 「のだ / わけだ / はずだ」

■ 설명·주장을 나타내는 표현

「の」「わけ」「はず」 등은 실질적인 의미를 상실한 **형식명사(形式名詞)**이나, 문말에 사용되어 문 내용에 관한 설명·주장 등의 의미를 나타낸다.

❏ 「の(ん)」의 유무에 따른 의미적인 차이

- 暑いですか／暑いんですか。

  더운지에 대해 단순히 질문하는 경우／
  상대가 땀을 흘리고 있는 모습 등을 보고 이를 근거로 질문하는 경우
- 暑いです／暑いんです。

  덥다는 사실을 단순히 말하는 경우／
  덥다는 사실을 상대방에게 설명하거나 강조하는 경우

◉ 「のだ」

판단에 대한 **근거·이유**가 있음을 나타낸다.
상대방에게 이유를 **설명**하거나 요구한다.
화자의 의견이나 기분을 상대방에게 **주장**한다.

❶ 근거나 이유를 토대로 추측하거나 상대에게 질문한다.
  - うれしそうな 顔を している。合格した**のだ**。
  - (相手の表情を見て) どこか 具合が 悪いんですか。
  - 花子に 電話しても 出ない。やっぱり 怒っている**のだ**。

❷ 의문문에서는 상대에게 이유·설명을 요구한다.
평서문에서는 상대에게 이유를 설명한다.

- A：どうして 遅くなった**ん**ですか。
  B：電車の事故が あった**ん**です。
- A：どこが 痛い**の**ですか。
  B：頭が 痛い**ん**です。

❸ 발견 (発見·気づき)

- (何かを探していて) なんだ、こんなところにあった**んだ**。
- そうか、こうやれば いい**んだ**な。

❹ 가벼운 명령

- さ、車から 降りる**んだ**。
- さっさと 行く**んだ**。

◆ 「～んですから」

「～んですから」는 이유에 대한 설명을 나타내는 「のだ」에 이유를 나타내는 「から」가 붙은 형태로 자신의 주장이 지나치게 강조되는 표현이다. 상대방에게 불쾌함을 주므로 「から/ので」를 쓰도록 한다.

- 用事がある**ん**ですから、早く帰ります。
  → 用事がある**から/ので**、早く帰ります。
- あした忙しい**ん**ですから、出かけられません。
  → あした忙しい**から/ので**、出かけられません。

◉ 「わけだ」

> 앞의 발화나 문맥에 드러난 사실로부터 **논리적인** 결론을 나타낸다.

- 一人(ひとり) 1,200円(えん)だから、5人(にん)で 6,000円(えん) という**わけだ**。
- 彼(かれ)は 機械音痴(きかいおんち)だ。だから 未(いま)だに パソコンも できない**わけだ**。
- 言(い)う ことを 聞(き)かないから、親(おや)に 叱(しか)られた**わけだ**。
- 今(いま)の時間(じかん)、車(くるま)が 電車(でんしゃ)より 速(はや)い**わけ**がない。

◉ 「はずだ」

> 화자의 **확신**이나 **기대**를 나타낸다.
> 화자의 **납득**을 나타낸다.

- 彼(かれ)は 専門家(せんもんか)だから、もう できている**はずだ**。
- あの人(ひと)が そこまで わかる**はず**がない。
- うまく いく**はず**だったが、結局(けっきょく) 失敗(しっぱい)で 終(お)わってしまった。
- A：彼女(かのじょ) 10年(ねん)も アメリカに いたって。
  B：それじゃ、英語(えいご)が うまい**はずだ**ね。

■ 그 밖의 표현

◉ 「ことだ」

| 구체적인 사항이나 개념, 충고를 나타낸다.
화자의 영탄, 감동을 나타낸다. |

- 朝、早く 起きるのは いいことだ。
- 風邪を 引いた 時は、まず 休むことです。
- 人に 迷惑を かけないこと。
- 生きているって、どんなに 素晴らしいことか。

◉ 「ものだ」

| 일반적 개념이나 당연한 귀결, 과거의 회상을 나타낸다. |

- 誰でも 小さな ミスは するものです。
- 子供というのは かわいいものだ。
- 昔、家の 回りは 賑やかだったものだ。
- 子供の時は よく、喧嘩を したものだ。

∴ 연습문제 |일본어문법교육|

문제1 밑줄 친 부분의 성질이 다른 하나를 고르시오.

(1) どこへ行くのですか。

(2) すみません、あれを見せてください。白いのです。

(3) こういうやり方じゃだめなのです。

(4) 今日はちょっと話があるのです。

해 설   (2)의 「の」는 구체적인 물건을 나타내는 형식명사이다.
그 밖의 예문은 모달리티로 사용된 「のだ」이다.

문제2 밑줄 친 부분의 성질이 다른 하나를 고르시오.

(1) 人間はいつか死ぬものだ。

(2) 時の流れって早いものですね。

(3) 昔はよく、この海で泳いだものだ。

(4) この車は日本製ですが、アメリカで作られたものです。

해 설   (4)의 「もの」는 구체적인 물건을 가리킨다.
그 밖의 예문은 모달리티로 사용된 「ものだ」이다.

문제 3 다음 괄호 안에 들어갈 적절한 표현을 고르시오.

> わけ　はず　もの　こと

(1) 人生には苦しい時もある（　　　）です。

(2) 金さんなら明日到着する（　　　）です。

(3) 人間関係で重要なのは、約束時間を守る（　　　）です。

(4) A：また、行くの。
　　B：うん。だって、楽しい（　　　）。

(5) あんなに忙しい彼が来る（　　　）がない。

해설　(1) もの　　　　　(2) はず
　　　(3) こと　　　　　(4) もの(もん)
　　　(5) わけ / はず

▶ (4)의「もの」는 회화문의 마지막 부분에 붙어 이유 (자신의 정당성)를 나타낸다.「もん」의 형태로도 사용된다.
▶ (5)의 경우「わけ」「はず」 모두 사용할 수 있다.「わけ」는「彼が来る」라는 사실을 논리적으로 파악하고,「はず」는「彼が来る」라는 사실을 확신적으로 파악한다.

Ⅳ 복문의 구조 (複文の構造)

1. 복문과 종속절 (複文と従属節)
2. 원인・이유절 (原因・理由節)
3. 연체수식절 (連体修飾節)
4. 명사절 (名詞節)
5. 조건절 (条件節)

1. 복문과 종속절 (複文と従属節)

文型

1. おなかが痛いから、病院へ行きます。
2. 先月買った財布を落としてしまった。
3. 英語を上手に話すことは難しい。
4. あした雨が降れば遠足は中止です。

■ 복문 (複文)

복수의 술어를 가지는 문
복문은 접속절과 주절로 구성되며, 접속절은 주절에 대한 접속 방법에 따라 병렬절과 종속절로 나뉜다.

- 木村はお茶を飲み、直子はコーヒーを飲んだ。
  　접속절(병렬절)　　　　　　주절

- おなかが痛いから、病院へ行きます。
  　접속절(종속절)　　　　주절

☐ 병렬절 : 주절에 대해 대등한 관계에 있는 절
☐ 종속절 : 주절에 대해 종속적인 관계에 있는 절
☐ 주절 : 문말의 술어를 중심으로 문 전체를 통합하는 절

◉ 병렬절 (並列節)
- 空は青く、風は心地よい。
- 彼女の髪は黒くて長い。
- 金さんは英語もできるし、中国語もできます。

◉ 종속절 (従属節)

종속절에는 부사절, 연체수식절, 명사절, 인용절 등이 있다.

❶ 부사절 (副詞節) : 주절의 술어를 수식하는 절로 연용수식절이라고도 한다. 부사절은 아래와 같은 다양한 의미로 분류된다.

▼ 원인·이유(절)
- 時間がないから、もう少し急いでください。
- 降水量が少なくなったので、収穫が減ってしまった。
- パソコンが故障したため、ホームページの更新ができなかった。

▼ 시간(절)
- 困ったときは、いつでも相談に来てください。
- お客さんが来るまえに、片づけましょう。
- 冷めないうちに、どうぞ。

▼ 조건(절)
- 車で行けば、3時までには行けるはずです。
- この仕事が終わったら、どこか旅行に行きましょう。
- あした雨が降っても行きます。

▼ 목적
- 日本をもっと知るために留学することに決めた。
- いいスピーチができるように練習しています。

▼ 그 밖의 의미
- お茶を飲みながら、雑誌を見ます。　　　<동시동작>
- 予想していたほど、面白くはなかった。　<정도>
- タクシーに乗るより歩いた方が速い。　　<비교>

❷ 연체수식절 (連体修飾節) : 명사(체언)를 수식하는 절
- 母が作ってくれるカレーはおいしい。
- 息子の成績が下がった原因を知りたい。
- 帽子をかぶっている男が私に近づいてきた。

❸ 명사절 (名詞節) : 「の・こと」가 종속절의 술어와 결합하여 명사화된 절
- 遠くに日が沈んでいるのが見えた。
- 電話があったことをお伝えください。
- 田中さんが帰国するの/ことを知らなかった

❹ 인용절 (引用節) : 「と」와 같은 인용을 나타내는 형식을 취하는 절
- 明日は雨が降ると思います。
- 明日の会議は2時からということです。
- 試験は日本語で行われるとのことです。

1. 복문과 종속절 **151**

◆ て형접속의 용법

て형접속은 아래와 같이 다양한 의미로 쓰인다.

- 弟は山に行って、妹は海へ行った。　　＜병렬＞
- 今年は、夏は涼しくて冬は暖かい。　　＜대비＞
- 家に帰って、食事をした。　　＜순서＞
- 風邪を引いて、会社を休んだ。　　＜원인・이유＞
- 彼女は両手を組んで待っていた。　　＜부대상황＞
- 自転車に乗って、学校まで来ます。　　＜수단＞

∴ 연습문제 |일본어문법교육|

문제1 자연스러운 표현을 고르고 그 이유에 대해 생각해 봅시다.

(1) 子供が寝ているうちに / あいだに掃除をした。

(2) 暗くならないうちに / あいだに帰宅する。

(3) 暑くて / 暑いから、窓を開けよう。

(4) 忙しくて / 忙しいから今度にしてくれよ。

해설
(1) あいだに   (2) うちに
(3) 暑いから   (4) 忙しいから

▶ 보통「1時と2時のあいだに」처럼 시작과 끝이 명확한 경우「うちに」는 사용할 수 없다.
▶「~くて」는 객관적인 사태의 서술에만 사용된다.
▶「~から」는 의지나 의뢰(명령)의 경우에도 사용할 수 있다.

문제2 밑줄 친 부분의 용법이 같은 것끼리 묶으시오.

(1) 円安のため日本を旅行する人が増えた。

(2) 健康のため運動をしています。

(3) 雨天のため試合が延期された。

(4) 渋滞のため倍ぐらいの時間がかかった。

(5) パソコンの購入のためお金を貯めている。

해설 (2)(5)는 목적, (1)(3)(4)는 원인·이유를 나타낸다.

문제 3 자연스러운 표현을 고르고 그 이유에 대해 생각해 봅시다.

(1) 子供のとき/ときに、友達とよく喧嘩した。

(2) 子供のとき/ときに、アメリカに移住しました。

(2) ここに来るまえは/まえには、看護士だった。

(3) 開始時間のまえ/まえに、来てくださいね。

(4) 午後3時まで/までに海辺で遊んだ。

(5) 仕事は5時まで/までに終わらせましょう。

해설 (1) とき　　(2) ときに　　(3) まえは
　　 (4) まえに　 (5) まで　　 (6) までに

▶ 「とき」와 「ときに」, 「まえ」와 「まえに」, 「まで」와 「までに」는 시간의 범위와 시간의 한정이라는 점에서 차이가 있다. 따라서 명령·의뢰표현을 동반한 문에서는 「まえに」 「までに」가 사용된다.

2. 원인・이유절 (原因・理由節)

文型

1. 危(あぶ)ないですから、黄色(きいろ)い線(せん)の内側(うちがわ)に下(さ)がってください。
2. 用(よう)があるので、お先(さき)に失礼(しつれい)します。
3. もうちょっと待(ま)ってください。すぐ行(い)きますんで。
4. 遅(おく)れたのは、電車(でんしゃ)が止(と)まったからです。

■ 원인・이유절 (原因(げんいん)・理由節(りゆうせつ))

종속절이 주절의 원인・이유관계에 있는 절

▼ 危(あぶ)ないですから、黄色(きいろ)い線(せん)の内側(うちがわ)に下(さ)がってください。
　　　원인・이유절　　　　　　　　주절

원인・이유를 나타내는 표현에는 「から / ので」「ため」 등이 있다.

● 「から」와 「ので」의 차이점

❶ 접속하는 단어의 활용에 차이가 있다.

- 元気(げんき)だから　・女性(じょせい)だから　：종지형에 접속
- 元気(げんき)なので　・女性(じょせい)なので　：연체형에 접속

❷ 「ので」는 추량표현과 같은 주관적 요소 앞에는 오지 않는다.

- あいつも来るだろう**から** / ので(×)
- 明日は人が多いでしょう**から** / ので(×)

❸ 질문에 대한 응답일 경우, 주절이 의문문인 경우는 「から」가 사용된다. 이 경우 「ので」는 사용할 수 없다.

- A：どうして遅れたんですか。
  B：電車が止まった**から**です。
- 電車が止まった**から**遅れたんですか。

❹ 「から」는 종조사처럼 문말에 사용된다. 단, 정중한 표현일 경우에는 「ので」도 사용할 수 있다.

- A：いま、忙しいの。
  B：ごめん、後で電話する**から** / ので。(×)
- もうちょっと待ってください。すぐ行きます**ので**。

❺ 문말에 명령・금지・의지・추량이 나타날 경우 「から」가 사용된다. 단, 후건이 정중형으로 의뢰나 권유를 나타낼 경우는 「ので」도 사용할 수 있다.

- 危ない**から**、ここで遊んではいけません。
- 今日は日曜日だ**から**、家にいるでしょうね。
- 時間がない**ので**、急いでください / 急ぎましょう。

❻ 정중한 표현일 경우 「ので」가 사용된다.

- 用があるので、お先に失礼します。
- すぐお呼びしますので、少々お待ちくださいませ。

◉ 「から」와 「ので」

	から	ので
문체	문장체 보다는 주로 회화체에서 사용한다.	회화체·문장체 모두 사용한다.
주관성	이유에 대한 화자의 기분·감정을 나타낸다. (주관적)	주로 인과관계나 사실관계를 나타낸다. (객관적)
의사표현	의지나 명령 등의 의사표현에 사용한다.	의지, 명령 등 강한 의사표현에는 사용하지 않는다.
정중도	「ので」에 비해 정중도가 낮다.	「から」에 비해 정중도가 높다.

◆ 그 밖의 원인·이유를 나타내는 표현

- 寝坊したせいで、授業に遅れてしまった。
- 君が手伝ってくれたおかげで、早く終わった。
- 足首を捻挫したため、次の日欠場した。
- 風邪を引いて、学校を休んだ。

연습문제 |일본어문법교육|

문제1 종속절의 의미가 다른 하나를 고르시오.

(1) ダイエットをしても、痩せない理由があった。

(2) 皆がいてくれたから、ここまで来られました。

(3) 徹夜したせいで、今日はずっとだるい。

(4) 道が込んでいたので、時間に間に合うか心配でした。

해설 (1)은 조건을 나타내는 종속절이다.
그 밖의 예문은 원인・이유를 나타내는 종속절이다.

문제2 자연스러운 표현을 고르고 그 이유에 대해 생각해 봅시다.

(1) 明日も早いから / ので、もう寝よう。

(2) ちょっと体調が悪いから / ので、早めに帰ります。

(3) いいんです。もう終わったことですから / ので。

(4) 折り返しお電話いたしますから / ので。

(5) 机の上に書類があるから / ので、持ってきて。

해설 (1)「から」　　주절이 의지 혹은 권유를 나타낸다.
　　　(2)「ので」　　청자에게 양해를 구하는 정중한 표현이다.
　　　(3)「から」　　종조사적 용법으로 문말에 사용된다.
　　　(4)「ので」　　종조사적 용법이나 정중한 표현이다.
　　　(5)「から」　　주절이 명령(행위요구)의 형태이다.

3. 연체수식절 (連体修飾節)

文型

1. ケーキを焼いている母。
2. 彼がくれた手紙。
3. 友達と行きたい場所。
4. メガネをかけた学生。

▣ 연체수식절 (連体修飾節)

명사를 수식하는 절로 연체절(連体節)이라고도 한다.

▼ ケーキを焼いている 母。

연체수식절과 피수식어의 관계

◉ 연체(수식)절의 특징

❶ 연체수식절 + 피수식어의 구조이다.

- 彼がくれた 手紙
- サッカーを楽しんでいる 人達

❷ 연체수식절 내부의 「ガ」격은 「の」로 변환할 수 있다.

- 耳が/の長い犬
- 彼が/のいる場所

❸ 연체수식절 내부에 주제를 나타내는 「は」는 사용할 수 없다. 단, 대조를 나타내는 「は」는 사용할 수 있다.

- 彼がくれた手紙
- 彼はくれた手紙 (×)
- 豚肉は食べられないが、魚は食べられる人
- 生徒にはやさしい先生

❹ 연체수식절 내부에는 원칙적으로 화자의 추측, 의지, 명령이나 종조사와 같은 모달리티 표현은 사용할 수 없다.

- みんなで食べる料理
- みんなで食べましょう料理 (×)
- 子供が喜ぶだろう料理 (×)
- 食べてみてね料理 (×)
- 明日まで出します レポート (×)

단, 「~たい」나 「ようだ」「~しそうだ」「なければならない」 등의 경우는 연체절 내부에 사용할 수 있다.

- 友達と行きたい場所
- どこかで見たような顔
- いまにも雨が降りそうな天気
- 明日までにやらなければならない宿題

◉ 연체(수식)절의 종류

❶ 내적관계(內の関係)와 외적관계(外の関係)

피수식어와 연체수식절 사이에 격관계가 성립하는 경우와 격관계가 성립하지 않는 경우가 있다.

(1) ケーキを焼いている母
(2) ケーキを焼いているにおい

▼ (1)은 피수식어와 연체수식절 사이에 격관계가 성립한다. 이러한 관계를 **내적관계(內の関係)**라 한다.
  - ケーキを焼いている母 → 母がケーキを焼いている

▼ (2)는 피수식어와 연체수식절 사이에 격관계가 성립하지 않는다. 이러한 관계를 **외적관계(外の関係)**라 한다.
  - ケーキを焼いているにおい
    → においがケーキを焼いている (×)

- **내적관계**
  息子が入った大学 → 息子が大学に入った
  息子が卒業した高校 → 息子が高校を卒業した
- **외적관계**
  息子が入った喜び → 息子が喜びに入った (×)
  息子が卒業した年 → 息子が年を卒業した (×)

❷ 제한용법과 비제한용법

내적관계를 나타내는 연체수식절에는 피수식어가 제한·한정되는 제한용법과 제한·한정되지 않는 비제한용법이 있다.

(1) 車に詳しい人に聞いてみた。
(2) 車に詳しい中田に聞いてみた。

▼ (1)은 피수식어를 제한(한정)한다. 이를 **제한용법** 혹은 **한정용법**이라 한다.
  - 車に詳しい人に聞いてみた ≠ 人に聞いてみた

▼ (2)는 피수식어를 제한(한정)하지 않고, 그 성질을 묘사한다. 이를 **비제한용법** 혹은 **비한정용법**이라 한다.
  - 車に詳しい中田に聞いてみた = 中田に聞いてみた

- **제한용법 (制限用法)**
  帽子をかぶった学生がいる ≠ 学生がいる
  仕事ができる人が要る ≠ 人が要る

- **비제한용법 (非制限用法)**
  帽子をかぶった一郎がいる = 一郎がいる
  仕事ができる彼が要る = 彼が要る

∴ 연습문제 〖일본어문법교육〗

문제1 밑줄 친 부분의 성질이 다른 하나를 고르시오.

(1) しっぽの短い猫。
(2) すべてはあなたの選択にかかっている。
(3) 僕は彼女のいる部屋に戻った。
(4) わたしの好きな曲です。

해설 (2)는 「명사」와 「명사」를 연결하는 「の」이다.
그 밖의 예문의 「の」는 「が」로의 변환이 가능하다.

문제2 다음 연체수식절 중 용법이 다른 하나를 고르시오.

(1) 彼が好きな映画。　　(2) 亀を助けた浦島太郎
(3) お酒を飲んだ翌日の朝。　(4) ブランコがある公園。

해설 (3)은 외적관계(外の関係)이고, 그 밖의 예문은 내적관계(内の関係)를 나타낸다.

(1) 彼が好きな映画　　→　彼は映画が好きだ
(2) 亀を助けた浦島太郎　→　浦島太郎が亀を助けた
(3) お酒を飲んだ翌日の朝　→　翌日の朝、お酒を飲んだ(×)
(4) ブランコがある公園　→　公園にブランコがある

3. 연체수식절

문제3 다음 연체수식절 중 용법이 다른 하나를 고르시오.

(1) <u>日本語が上手な金</u>さんが留学試験に合格した。
(2) <u>教室内で喧嘩した生徒</u>が先生に叱られた。
(3) <u>英語が話せる人</u>が増えている。
(4) <u>バイクを盗んだ高校1年の学生</u>が警察に捕まった。

해설 (1)은 피수식어를 자세히 묘사・설명하는 비제한용법의 연체수식절이다. 그 외 용례는 피수식어를 제한・한정하는 제한용법의 연체수식절이다.

(1) = 金さんが留学試験に合格した。
(2) ≠ 生徒が先生に叱られた。
(3) ≠ 人が増えている。
(4) ≠ 高校1年の学生が警察に捕まった。

4. 명사절 (名詞節)

文型
1. 飛行機が飛んでいるのが見えた。
2. 彼が来るのを1時間も待った。
3. 外国語を勉強するの / ことは難しい。
4. 来月から大学の講師を勤めることになった。

◼ 명사절 (名詞節)

「の・こと」가 종속절의 술어와 결합하여 명사화된 절
명사절은 보족절(補足節)이라고도 한다.

▼ 外国語を勉強するのは難しい。
　外国語を勉強することは難しい。

위 예문에서는 「の/こと」 모두 사용할 수 있으나 「の」와 「こと」에는 쓰임의 차이가 있다.

☞ 「の」「こと」는 본래의 어휘적인 의미를 상실하고, 단지 문을 명사화하는 역할을 하고 있다. 이러한 형식을 품사적으로는 형식명사라 한다. 형식명사에는 이 밖에도 「もの」「わけ」「はず」 등이 있다.

● 「の」와 「こと」의 용법상의 차이

❶ 「の」만 사용되는 경우

▼ 주절에 「見る」「聞く」「感じる」 등의 감각을 나타내는 동사가 오는 경우로 동시성, 현장성을 나타낸다.
주절에 「待つ」「手伝う」「やめる」 등의 동사가 오는 경우
「~のは~だ」형식의 강조구문

- 子供が遊んでいるのが見えた。
- 遠くに犬が吠えるのが聞こえた。
- 駅で彼が来るのを待っていた。
- 黄砂のため、外出するのをやめた。
- 約束の時間に遅れたのは花子です。

❷ 「こと」만 사용되는 경우

▼ 주절에 「命じる」「約束する」「話す」「祈る」 등 발화와 관계하는 동사가 오는 경우
「Xは Yだ」구문의 Y부분

- 部長は報告書を出すことを命じた。
- 映画を見にいくことを約束した。
- 授業に出られないことを伝えてください。
- 一人でも多くの命が助かることを祈ります。
- 私の趣味は音楽を聞くことです。

❸ 「こと」「の」 모두 사용되는 경우

▼ 주절에 사고・감정을 나타내는 술어가 오는 경우
知る, 考える, 忘れる, 悲しい, 嬉しい, いやだ etc.

주절에 진위・판단을 나타내는 술어가 오는 경우
本当だ, 当然だ, 心配だ, 必要だ, 正しい, うそだ etc.

- 昨日、彼が来た**の/こと**を知らなかった。
- 銀行へ行く**の/こと**を忘れた。
- 何かを集める**の/こと**は楽しい。
- わたし、面倒くさい**の/こと**はいやなの。
- 成績が下がる**の/こと**が心配だ。

☞ 「の」「こと」 모두 사용되는 경우가 많으므로 「の」만 사용되는 경우, 「こと」만 사용되는 경우를 위주로 학습한다.

◆ 관용적으로 「こと」를 사용하는 표현

- 新幹線に乗ったことがありますか。
- 英語で話すことができます。
- ダイエットのため、ジムに通うことにした。
- 来年から日本で働くことになりました。

4. 명사절 **167**

연습문제 |일본어문법교육|

문제1 밑줄 친 부분의 성질이 다른 하나를 고르시오.

(1) 郵便が届く<u>の</u>を待っている。
(2) 選手を育てる<u>の</u>はそれほど簡単ではない。
(3) あの赤い<u>の</u>が好きです。
(4) 週末に出かける<u>の</u>は好きではない。

해설 (3)의 「の」은 물건을 뜻하는 형식명사이다.
그 밖의 예문의 「の」는 명사절을 이루고 있다.

문제2 자연스러운 표현을 고르고 그 이유에 대해 생각해 봅시다.

(1) 教室の雰囲気が変わっている<u>の / こと</u>を感じた。
(2) 委員会は来週まで報告書を出す<u>の / こと</u>を言い渡した。
(3) 家族のために頑張っている<u>の / こと</u>はうれしいですが…。
(4) 今日来た<u>の / こと</u>は、あなたに聞きたいことがあるからです。

해설
(1) 「の」　　　　　감각을 나타내는 동사
(2) 「こと」　　　　발화 / 언어행동과 관계하는 동사
(3) 「の / こと」　 감정을 나타내는 술어
(4) 「の」　　　　　「～のは～だ」의 강조구문

5. 조건절 (条件節)

文型

1. この道をまっすぐ行くと、交差点に出ます。
2. やってみなければ分かりません。
3. 窓の外を見ていたら、雪が降っていた。
4. 君が行くなら僕も行くけど。
5. 彼は病気なのに、仕事に行っている。

◼ 조건절 (条件節)

주절이 성립되기 위한 조건을 나타내는 절

▼ この道をまっすぐ行くと、交差点に出ます。
      조건절   주절

조건절에 「と・ば・たら・なら」 혹은 「が・けれど・ても」 등을 동반한다.

❶ 「と」

전건(조건절)이 성립하면 필연적으로 후건(주절)도 성립하는 사항

- 春になると花が咲きます。　　　　　　＜자연현상＞
- 1に2を足すと3になる。　　　　　　　＜불변적 진리＞
- 12月になると冬休みが始まります。　　＜일반적 사실＞
- 朝起きるとまずコーヒーを入れます。　＜습관적 사실＞

- ▼ 문말에 의지·명령·권유·희망 등은 사용할 수 없다.
  1회로 한정된 내용에는 사용할 수 없다.

- 桜が咲くと花見に行こう/行け/行かないか/行きたい。(×)
- 今年は夏休みになるとカナダへ行きます。　　　　　(×)
- 毎年夏休みになるとカナダへ行きます。　　　　　　(○)

❷ 「ば」

전형적인 조건표현으로 전건이 중시되어 있다.
전건이 성립하는 조건하에서 후건의 사실도 성립한다는 의미

- どう行けばいいですか。
- もし雨が降れば行きません。
- この機械を使えば簡単にできます。
- お金さえあれば楽に暮せる。

▼ 후건에 화자의 의지, 희망 등의 표현이 올 수 있다.
　이 경우 전건의 술어는 상태성 술어가 사용된다.

- 安ければ買おう/買いたい。
- 都合がよければ行きます。
- 京都へ行けばお寺を見よう。(×)
- 京都へ行けばお寺が見られる。(○)

▼ 「安い」「よい」는 상대성, 「行く」는 동작성 술어이다.

❸ 「たら」

> 개별적・우연적인 사항, 1회성 사태에 사용한다.
> 사용 범위가 가장 넓은 형식으로 후건에 의지, 희망, 명령 등의 표현이 올 수 있다.

☐ **가정조건** : 후건(주절)이 가정의 미래 사실을 나타낸다.
  - 仕事が早く終わっ**たら**飲みに行きましょう。
  - 韓国に来**たら**連絡くださいね。
  - 読み終わっ**たら**図書館に返却してください。

☐ **확정조건** : 후건(주절)이 확정된 과거 사실을 나타낸다.
  - 朝、起きて窓を開け**たら**海が見えた。
  - 町を歩いてい**たら**橋本先生を見かけた。
  - 家へ帰ってき**たら**友達から手紙が来ていた。

☐ **종조사적 용법** : 문말에 사용되어 권유를 나타낸다.
  - A : 明日どうしようかな。
  - B : とにかく行ってみ**たら**。

◆ 「たら」와 「ば」

아래 표현 중 자연스러운 것은?
  - よかっ**たら** / よけれ**ば** 遊びに来てください。

무언가를 상대방에게 권유하는 경우는 「たら」를 사용한다. 화자의 의지나 주관을 보다 적극적으로 표현하는 느낌이 있다. 반면, 「ば」는 조건절이 중시된 표현으로 적극적인 초대의 느낌이 없이, 일반적인 사실을 전달한다는 차이가 있다.

❹ 「なら」

> 알고 있는 전건에 대해 어떻게 대응할 것인가를 후건에서 표현한다. 전건과 후건의 시간적인 관계가 「と・ば・たら」와 반대이다.

- 君が行く なら 僕も行く。
  　전건　　　　화자의 대응
- 大阪へ行くなら、新幹線が便利です。
  　　　　後　　　　　　前　：시간적인 전후관계

  大阪へ行くと / 行けば / 行ったら、新幹線が便利です。(×)

- 飲んだら乗るな。乗るなら飲むな。

▼ 전건이 새롭게 알게 된 사실이 아니면 사용할 수 없다.
　후건이 과거형이거나 객관적인 내용이 올 수 없다.
　후건에 화자의 판단・의지 등의 표현이 나타난다.

- 春になるなら桜が咲く。　　　　　　　(×)
- 明日雨が降るなら、試合は中止だ。　　(×)
- 検索してみるなら、分かるようになった。　(×)
- 君が行くなら、鈴木君も行く。　　　　(×)
- これ見たいなら、貸してあげる。
- 君がいやなら、あきらめます。

● 역접조건 (逆接条件)

> 전건과 후건의 조건관계를 부정하는 조건문
> 역접조건에는 「が / けれど」 「ても」 「のに」 등이 있다.

❶ 「が・けれど」
- 食べてみた**が**、思ったほどおいしくはなかった。
- 運動もする**が**、勉強もする。
- この間、鈴木さんに会った**けど**、いい人だったよ。
- 出来るだけのことはやりました**が**……。

❷ 「ても」
- 大学を出**ても**就職先が見つからない。
- 薬を飲ん**でも**なかなか治りません。

❸ 「のに」
- 日曜日な**のに**会社へ行った。
- せっかくだから会えばいい**のに**。

◆ 「けど」와 「のに」

- バスがあった<u>けど</u>タクシーで行った。
- バスがあった<u>のに</u>タクシーで行った。

「けど」와 「のに」모두 역접관계를 나타내지만, 「のに」에는 화자의 의외성(意外性)이 내포되어 있다. 즉, 종속절의 내용에서 얻을 수 있는 결론과는 다른 사실이라는 뉘앙스를 내포하고 있다.

연습문제 |일본어문법교육|

문제1 다음 표현의 의미적인 차이를 설명해 봅시다.

(1) 車で行けば1時間で行けます。
(2) 車で行くと1時間で行けます。

해설 ▶ (1)은 '자동차로 간다는 조건하에서는 1시간에 간다'라는 의미이다.
▶ (2)는 '자동차로 가면 (당연히) 1시간에 간다'라는 의미이다.

문제2 밑줄 친 부분의 성질이 다른 하나를 고르시오.

(1) この薬を飲むと少し眠くなります。
(2) 国境の長いトンネルを出ると、そこは雪国だった。
(3) 来年になると卒業します。
(4) このキーを押すと画面が変わります。

해설 (2)의 「と」는 후건(주절)이 과거형을 취하는 확정조건의 용법이다. 그 밖의 예문의 「と」는 미래사실을 나타내는 가정조건이다.

문제 3 밑줄 친 부분을 「と, ば, たら, なら」를 이용하여 바르게
고치고 그 이유에 대해 생각해 봅시다.

(1) 日本では6月になれば台風が来る。

(2) 痛みがひどくなるとこの薬を飲んでください。

(3) 信号を渡って右に曲がるなら交番が見えます。

(4) お金があると買えるのに。

(5) 日本へ行ったらやっぱり温泉がいいでしょう。

해 설 (1) 「なると」　　　일반적 / 반복적 사실을 나타낸다.
　　　(2) 「なったら」　　개별적 사항, 1회성 사태를 나타낸다.
　　　(3) 「曲がると」　　일반적 사실을 나타낸다.
　　　(4) 「あれば」　　　전건의 조건하에 후건이 성립한다는 의미
　　　　　　　　　　　　통상 사실에 반하는 조건문에는 「ば」가
　　　　　　　　　　　　사용된다.
　　　(5) 「行くなら」　　알고 있는 전건에 대한 후건의 대응

V
시점과 담화
(視点と談話)

1. 「は」와 「が」
2. 지시표현 (指示表現)
3. 수수표현 (授受表現)
4. 대우표현 (待遇表現)

1. 「は」와 「が」

文型
1. 鈴木さん**が**英語を話す。
2. 鈴木さん**は**英語を話す。
3. マイクさん**は**日本語**が**話せる。
4. 像**は**鼻**が**長い。

■ 「は」와 「が」

통상 「が」는 주어를 나타내고, 「は」는 주제를 나타낸다.

- 鈴木さん**が** 英語を 話す。
- パソコン**が** 故障している。

▼ 「ガ」는 격조사로 주어(主語)를 나타낸다.
　「鈴木」는 동작의 주체인 동작주(動作主)가 된다.
　「パソコン」은 상태의 주체가 된다.

- 鈴木さん**は** 英語を 話す。
- パソコン**は** 直してある。

▼ 「ハ」는 강조(とりたて)조사로 주제(主題, topic)를 나타낸다.
　「鈴木さん」「パソコン」에 대해서 언급하고 있다.

◉ 「が」「は」의 용법

❶ 「が」의 용법

□ 중립서술 (中立叙述)

현상문이나 일반적인 사항을 묘사하는 경우

- 子供たち**が** 隠れん坊を している。
- 直子さん**が** 久しぶりに 電話を くれた。

□ 총기 (総記), 배타 (排他)

특정한 사람·사물을 지정하는 경우
의문문에 대한 대답으로 문의 초점이 되는 부분

- 中村さん**が** この工場を 管理している。
- A：この仕事は 誰**が** やりますか。
  B：あなた**が** やりなさい。

❷ 「は」의 용법

□ 주제 (主題)

- 中田さん**は** 学生です。
- 東京**は** 日本の首都である。

□ 대조 (対照), 대비 (対比)

- 夏**は** 好きですが、冬**は** 好きじゃありません。
- はっきりと**は** 覚えていません。

◆ 주제를 나타내는 조사

| は　　も　　さえ　　なら　　って(たら)　　と言えば |

- 鯨も 哺乳類です。
- 金さんなら 教室にいます。
- 中村さんって 背が高い人だよね。
- お正月と言えば やっぱりおせち料理。

◆ 정보의 차이

「が」는 신정보를 나타내고, 「は」는 구정보를 나타낸다.

❏ 신정보 (新情報, New information)

　화자의 입장에서 청자가 모른다고 생각하는 정보

❏ 구정보 (旧情報, Old information)

　화자와 청자가 모두 공유하고 있다고 생각하는 정보

- 「誰が来たの」「鈴木さんが来ています」
　　신정보　　　　　신정보
- 「鈴木さんは外国語が話せますか」「はい、英語が話せます」
　　구정보　　　　　　　　　　　　　　　　신정보
- 「直子はどこに行ったんですか」「直子は買い物に行きました」
　　구정보　　　　　　　　　　　　구정보
- 「動物は好きですか」「はい、犬が好きです」
　　구정보　　　　　　　　　신정보

연습문제 |일본어문법교육|

문제 1 밑줄 친 부분의 성질이 다른 하나를 고르시오.

(1) 日本語は韓国語と似ている。
(2) わたし、コーヒーは飲みません。
(3) 地下鉄は速くて便利です。
(4) 富士山は日本で一番高い山だ。

해설 (2)의 「は」는 대조를 나타낸다.
그 밖의 예문의 「は」는 주제를 나타낸다.

문제 2 다음 예의 「は」「が」의 용법에 대해 생각해 봅시다.

(1) 今週の日曜日は、うちの会社は休みじゃありません。
(2) 木村さんは、性格はいいのですが……。
(3) かき料理は、広島が本場だ。

해설
(1) 日曜日は	주제	うちの会社は	대조
(2) 木村さんは	주제	性格は	대조
(3) かき料理は	주제	広島が	총기(배타)

▶ (3)의 경우 「かき料理」는 전체를 가리키고 「広島」는 부분을 가리킨다. 관련 표현으로 「像は鼻が長い」「魚は鯛がいい」 등이 있다.

2. 지시표현 (指示表現)

文型

1. A：お出かけですか。　B：ちょっとそこまで。
2. ここ2・3日、急に寒くなりました。
3. **どちら**様ですか。
4. まさか**あの**二人が結婚するとは思わなかった。

◾ 지시표현 (指示表現)

「これ・それ・あれ・どれ」「この・その・あの・どの」와 같이 사물・사람, 장소, 방향 등을 지시하는 표현으로 **지시사** 혹은 **こそあど**라고 한다.

◾「こ・そ・あ・ど」

	근칭 コ	중칭 ソ	원칭 ア	부정칭 ド
사물	これ	それ	あれ	どれ
장소	ここ	そこ	あそこ	どこ
연체사	この	その	あの	どの
	こんな	そんな	あんな	どんな
방향	こちら こっち	そちら そっち	あちら あっち	どちら どっち
부사구	こうして	そうして	ああして	どうして

- ◆ こそあど 체계에는 이 밖에도 「これら・これほど・こういう・このように」 등의 표현이 있다.

■ 지시표현의 용법

● 현장지시 (現場指示 ; 眼前指示)

직접 보거나 느끼거나 할 수 있는 대상을 지시하는 경우

- A：これは誰のかばんですか。　B：それは私のです。
- あそこに座っている人が田中さんです。
- A：背中が痛いの。ここ？　　B：そうそう、そこ。
- 運転手さん、そこを曲がってください。

☞ 현장지시에는 대립형과 융합형의 2가지 용법이 있다.

▼ 대립형(対立型) : 화자(S)의 영역에 있는 것은 「こ」, 청자(H)의 영역에 있는 것은 「そ」, 그 밖의 경우는 「あ」를 사용한다.

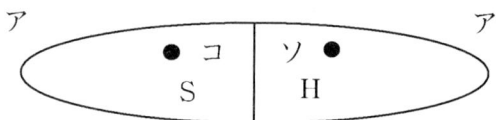

▼ 융합형(融合型) : 화자 가까이 있는 것은 「こ」, 멀리 있는 것은 「あ」, 어느 쪽도 아닌 것은 「そ」를 사용한다.

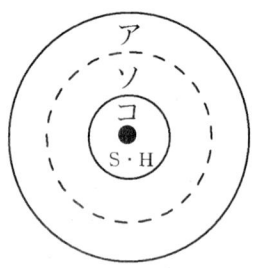

● 문맥지시 (文脈指示)

> 대화중에 나온 요소 혹은 기억 속의 요소를 지시하는 경우

❶ 「こ」의 경우

　□ 직전 대화중의 요소를 지시하는 경우 (「そ」도 사용가능)
　・うちの会社に山本という人がいるけど、**こいつ**、随分変わった人でね。

　□ 지금부터 이야기하려는 내용을 지시하는 경우
　・いきなり**こう**いうことを言うのは何だけど…。

❷ 「そ」의 경우

　□ 청자가 모르는 (혹은 모른다고 생각하는) 경우
　・うちの会社に山本という人がいるけど、**そいつ**、随分変わった人でね。

　□ 화자 자신이 잘 모르는 대상을 지시하는 경우
　・A：取引先の会社に山本って人がいるけど、知ってる?
　　B：いいえ、知りません。誰ですか。**その**人は。

❸ 「あ」의 경우

　□ 화자도 청자도 지시 대상을 알고 있는 경우
　・A：大学の山本って、覚えてる? 昨日、**あの**人に会ったのよ。
　　B：そうなの。**あいつ**、元気だった?

❏ 기억 속의 요소를 지시하는 경우
- 大学時代の山本。あいつ、今頃何をしているんだろう。
- あの時は、わたしも若かったですよ。

☞ 문맥지시 「あ」에 해당하는 한국어 표현은 「그-」를 사용한다는 점에 유의해야 한다.

◆ 지시사가 사용된 관용표현

- あれこれ考える。
- あっちこっち歩き回る。
- そんなこんなで忙しいよ。
- ああ言えばこういう。
- 彼とはかれこれ10年の付き合いです。
- 去年は、そこそこいい年だった。
- どうのこうの言う。

∴ 연습문제 ┃일본어문법교육┃

문제 1 자연스러운 표현을 고르고 그 이유에 대해 생각해 봅시다.

(1) A：あのビルは何ですか。

　　B：その / あのビルですか。ショッピングモールです。

(2) A：鈴木さんって知ってますか。

　　B：いいえ、誰ですか。その / あの人。

(3) 鈴木さんって知ってるでしょう。そいつ / あいつ何してるのかな。

(4) A：金さんって立派な人ですね。

　　B：私もそんな / あんな人になりたいです。

(5) もうその / あの事件から3年が経ちましたね。

[해설]　(1)「あの」　　　현장지시 용법으로 원칭을 가리킨다.
　　　　(2)「その」　　　화자가 모르는 경우
　　　　(3)「あいつ」　　화자도 청자도 아는 경우
　　　　(4)「あんな」　　화자도 청자도 아는 경우
　　　　(5)「あの」　　　과거를 회상하는 경우

[문제2] 자연스러운 표현을 고르고 그 이유에 대해 생각해 봅시다.

(1) 中華と和食の<u>どちら / どれ</u>が好きですか。
(2) 鈴木さんと金さんとでは<u>どちら / だれ</u>が背が高いですか。
(3) 快速と急行と特急、<u>どちら / どれ</u>が一番速いですか。
(4) クラスの中で<u>どちら / だれ</u>か試合に出たい人っていますか。

[해설] (1) どちら   (2) どちら
   (3) どれ   (4) だれ

▶ 비교 대상이 2개(2인)일 경우는 「どちら(どっち)」를 사용한다. 3개 이상 혹은 정해져 있지 않은 경우는 「どれ」「だれ」를 사용한다.

3. 수수표현 (授受表現)

文型

1. 私が 鈴木さんに 花を あげた。
2. 鈴木さんが 私に 本を くれた。
3. 私は 鈴木さんに(から) 本を もらった。
4. 私は 弟に 数学を 教えて あげた。
5. 弟が 私に ゲームを 教えて くれた。
6. 私は 弟に ゲームを 教えて もらった。

◨ 수수표현 (授受表現)

「あげる」「くれる」「もらう」/
「さしあげる」「くださる」「いただく」

위 동사와 같이 행위자(주는 사람)에서 수급자(받는 사람)로의 사물의 이동이 있는 동사를 수수동사(やりもらい動詞)라 하고, 이들 동사가 사용된 표현을 수수표현이라 한다. 한국어의 '주다/받다', 영어의 'give/receive'와 달리 일본어는 3개의 동사를 활용하는 것이 특징이다.

❑ 사물의 이동과 행위의 이동

수수표현은「あげる/くれる/もらう」처럼 본동사로 쓰여 사물의 이동을 나타내는 경우와「てあげる/てくれる/てもらう」처럼 보조동사로 쓰여 행위의 이동을 나타내는 경우가 있다.

- 私が 友達に 本を あげた。 : 본동사 (사물의 이동)
- 私が 友達に 本を 買ってあげた。 : 보조동사 (행위의 이동)

◉ 「あげる」

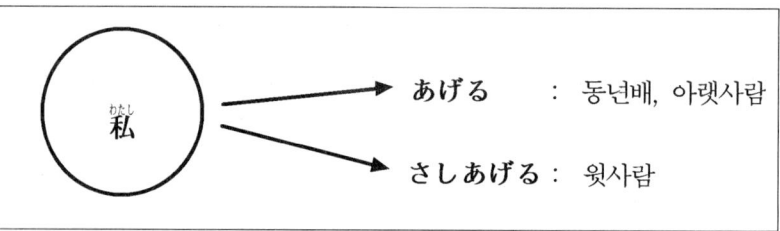

- 私が 妹に 花を あげた。
- 私は 先生に 花を さしあげた。
- 私が 友達に 妹の写真を 見せて あげました。
- 私は 友達に ハンカチを 買って あげました。

☞ 「~て(さし)あげる」의 경우 윗사람에게 사용하면 호의나 은혜를 베푼다는 뜻이 되어 실례가 된다. 이러한 경우는 아래와 같이 「お~する」의 형태를 사용한다.
- 社長、駅まで 送って さしあげます。 → お送りします

◆ 「やる」

수수동사에는 「やる」도 있다. 주로 아랫사람이나 동물, 사물에 사용한다.
- これ、君に やるよ。
- 猫に えさを やる。
- 花に 水を やる。

◉ 「くれる」

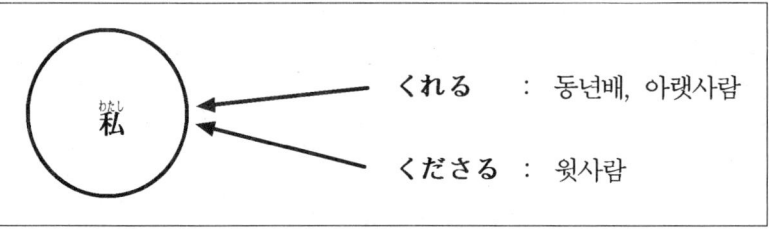

- 妹が 私に 花を くれた。
- 先生は 私に 本を くださった。
- 友達が 私に ペンを 貸して くれました。
- 先生が 私に 日本語を 教えて くださいました。

◉ 「もらう」

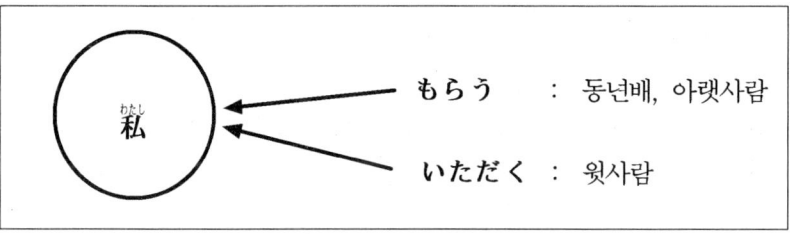

- 私は 妹に(から) 花を もらった。
- 先生に(から) 本を いただいた。
- 友達に パンを 買って きて もらいました。
- 先生に 日本語を 教えて いただきました。

☞ 「あげる」「くれる」는 주는 사람을 주어로 취하나, 「もらう」는 받는 사람을 주어로 취하는 차이가 있다.

■ 수수동사와 사물의 이동

수수동사	용례	관계	사물의 이동
あげる	私が 母に 花を あげた 母が 花子に 花を あげた 花子が 太郎に 花を あげた	私 > 母 母 > 花子 花子 > 太郎	内 → 外
くれる	母が 私に 花を くれた 花子が 母に 花を くれた 太郎が 花子に 花を くれた	私 < 母 母 < 花子 太郎 < 花子	外 → 内
もらう	私が 母に(から) 花を もらった 母が 花子に 花を もらった 花子が 太郎に 花を もらった	私 > 母 母 > 花子 花子 > 太郎	外 → 内

- 「内」: 화자를 포함해 화자 측에 속해 있는 사람
- 「外」: 화자 이 외의 사람, 혹은 화자 측에 속하지 않은 사람

◆ 수수동사의 정리

- 「あげる」
  화자 혹은 화자 측에 속해 있는 사람(内)으로부터 상대방 혹은 화자 측에 속하지 않은 사람(外)으로의 은혜(수익)의 이동이 발생하는 표현
- 「くれる」「もらう」
  상대방 혹은 화자 측에 속하지 않은 사람(外)으로부터 화자 혹은 화자 측에 속해 있는 사람(内)으로의 은혜(수익)의 이동이 발생하는 표현

연습문제 ｜일본어문법교육 ｜

문제 1 다음 예문의 밑줄 친 부분을 바르게 고치시오.

(1) 花子が私の妹にお菓子をあげた。

(2) 僕は花子にチョコレートをくれた。

(3) 田中さんは私に本を買ってあげた。

(4) 妹は花子にチョコレートを買ってくれた。

해설
(1) くれた　　　(2) あげた/もらった
(3) くれた　　　(4) あげた/もらった

문제 2 다음 예문의 의미상의 차이에 대해 생각해 봅시다.

(1a) 田舎の母が野菜を送ってくれた。

(1b) 田舎の母から野菜を送ってもらった。

(2a) 弟が代わりに行ってくれた。

(2b) 弟に代わりに行ってもらった。

(3a) 先生が本を読んでくださいました。

(3b) 先生に本を読んでいただきました。

해설 ▶ 「てくれる」는 '상대방이 자청해서 해 주었다'라는 의미로 사용되고, 「てもらう」는 '상대방에게 부탁하여 그 사람이 해 주었다'라는 뉘앙스가 있다. 또한 (3)의 경우, 「てくれる」형에 비해 「てもらう」형이 보다 정중한 느낌이 있다.

문제 3 다음 예문의 밑줄 친 부분을 바르게 고치시오.

(1) お電話、あげます。

(2) 友人がお見舞いに来た。

(3) 先生がレポートをくださいました。

(4) 弟に重いかばんをあげました。

(5) 実家にお米を送ってもらいました。

(6) すみません、タクシーを呼んでいただきませんか。

해설 (1) 「さしあげます」: 「お電話」나 「お手紙」의 경우 「さしあげる」를 사용하고 「あげる」는 사용하지 않는다.
(2) 「来てくれた」: 화자에게 수익이 발생하므로 「~てくれる」를 사용한다.
(3) 「出しました」「与えました」
(4) 「渡しました」「持たせました」: 수수동사는 수익관계가 성립되어야 한다. 과제를 주거나 무거운 가방을 주는 행위는 수익이라 볼 수 없기 때문에 다른 동사를 사용한다.
(5) 「から」: 「家族」나 「家」와 같이 장소를 나타내는 명사인 경우 「から」를 사용한다.
(6) 「いただけませんか」: 상대에게 의뢰할 경우 가능형을 사용한다.

4. 대우표현 (待遇表現)

文型

1. 少々お待ちくださいませ。
2. どうぞ、ご覧になってください。
3. 皆様、お元気ですか。
4. お飲み物は何になさいますか。

◉ 대우표현 (待遇表現)

화자가 자기 자신과 청자, 혹은 화제중의 인물과 자신과의 사회적인 관계, 친소관계 등을 고려하여 행해지는 표현을 말한다. 경어나 비속어 등이 여기에 포함된다. 일반적으로 경어에는 존경어, 겸양어, 정중어가 있다.

● 존경어 (尊敬語)

상대방이나 제 3자에 대해 경의를 나타낼 때 사용하는 말

❶ 「お」「ご」를 붙인 표현

- 고유어 (和語)
    お客様   お名前   お仕事   お話   お忙しい

- 한자어 (漢語)
    ご住所   ご心配   ご注意   ご結婚   ご家庭

❷ 「れる / られる」를 붙인 표현
- 来る → 来られる : 新しい先生が来られました。
- 行く → 行かれる : 旅行はどこに行かれましたか。
- する → される : お仕事は何をされているんですか。

❸ 존경의 의미를 가지는 동사
- 言う → おっしゃる : 先生がおっしゃいました。
- くれる → くださる : 私の話を聞いてください。
- する → させる : おうどんとおそばどちらになさいますか。

❹ 「お・ご…になる(なさる)」 표현
- 読む → お読み(になって)ください。
- 待つ → お待ち(になって)ください。
- 入る → どうぞ、お入り(になって)ください。
- 見る → ご覧(になって)ください。

● 겸양어 (謙譲語)

말하는 측의 행위를 겸손하게 표현할 때 사용하는 말

❶ 겸양의 의미를 가지는 동사
- 言う → 申し上げる : 暑中お見舞い申し上げます。
- する → いたす : みなさんを応援いたします!
- もらう → いただく : お礼の手紙をいただきました。

❷ 「お・ご…する(いたす)」표현
- 伝える → ニュースをお伝えします。
- 連絡する → こちらからご連絡いたします。
- 持つ → お誕生日ケーキをお持ちしました。
- 願う → よろしくお願いします。

◉ 정중어 (丁寧語)

화자가 상대에 대해 정중한 마음을 표현할 때 사용하는 말 「です・ます」나「ございます」등이 있다.

- おはよう － おはようございます。
- はじめまして、朴です(でございます)。
- すみません、窓を開けてくれませんか。

◆ 미화어 (美化語)

상대나 제3자에 대한 경의를 표하는 존경어와는 달리 「お茶」「お釜」「お風呂」「お飲み物」「ご飯」등과 같이 자신의 언어 사용을 정중히 하는 표현

- **お茶**でも飲みませんか。
- **ご飯**は何にしましょうか。
- すみません、**お冷や**をお願いします。
- **お手洗い**はどこですか。

✽ 「お」와 「ご」의 예

「お」: 고유어 (和語)			「ご」: 한자어 (漢語)		
お金	お水	お寿司	ご飯	ご案内	ご連絡
お昼	お疲れ	お願い	ご注文	ご安心	ご記入
おにぎり	お誕生日	お好み	ご利用	ご協力	ご招待
お住まい	お祝い	おしゃべり	ご苦労	ご馳走	ご住所
예외 : お＋漢語 お電話　お料理　お元気 お時間　お食事			예외 : ご＋和語 ごゆっくり		

▼ 한자어라도 자주 쓰이는 일상적인 용어는 「お」를 붙이는 경향이 있다.

▼ 「お」「ご」 모두 사용할 수 있는 명사도 있다.
　　お返事　　ご返事

▼ 「お」「ご」의 사용에 이러한 예외가 보이는 이유는 고유어(和語)인지 한자어(漢語)인지의 구별이 명확하지만은 않다는 점, 그리고 고유어인지 한자어인지를 의식해서 사용하지는 않는다는 점 등을 들 수 있다.

☞ 외래어에는 기본적으로 「お」「ご」를 붙이지 않으나 일부 외래어에「お」를 붙이는 경우도 있다.
　　おビール　　おコーヒー　　おたばこ　　おトイレ

◆ **상대경어 (相対敬語)**

일본어의 경우 자신의 가족이나 친구, 직장 동료와 같이 자신과 가까운 사람이나 자신이 소속된 사회의 사람(内)을 상대적으로 자신과 가깝지 않거나 자신이 소속되지 않은 사회의 사람(外)에게 이야기할 때에는 경어를 사용하지 않는다. 즉, 일본어의 경어 체계는 한국어와는 달리 자신과 상대방과의 관계를 고려한 상대경어이다.

- お母さん、いつまでも元気でいてね。
- お母さんは、元気です。(×) → 母は元気です
- A : ご両親はお元気ですか。
  B : はい、両親は元気です。

▼ 자신의 어머니를 부를 때는「お母さん」「母」모두 쓸 수 있으나 상대방에게 자신의 어머니를 이야기할 때는「母」라고 써야 한다. 마찬가지로 상대방 부모님은「ご両親」, 자신의 부모님은「両親」으로 쓴다.

❈ 명사, 부사, 인사말에 의한 대우표현

보통어	정중어	보통어	정중어
こっち／そっち	こちら／そちら	今度(こんど)	この度(たび)
あっち／どっち	あちら／どちら	さっき	さきほど
～人(ひと)	～方(かた)	ちょっと 少(すこ)し	少々(しょうしょう)
どう	いかが	本当(ほんとう)に	誠(まこと)に
今日(きょう)	本日(ほんじつ)	すみません	申(もう)し訳(わけ)ありません
明日(あした)	明日(みょうにち)	さようなら	失礼(しつれい)いたします
次(つぎ)の日(ひ)	翌日(よくじつ)	ありがとう	ありがとうございます
この間(あいだ)	先日(せんじつ)	お疲(つか)れ(さん)	お疲(つか)れ様(さま)でした

❈ 인칭대명사에 의한 대우표현

| 1인칭 | 2인칭 | 3인칭 | | | 부정칭 |
		근칭	중칭	원칭	
わたくし	あなた	こちら	そちら	あちら	どちら(様(さま))
わたし	あんた	この人(ひと)	その人(ひと)	あの人(ひと)	どなた
僕(ぼく)	君(きみ)	こいつ	そいつ	あいつ	誰(だれ)
俺(おれ)	お前(まえ)				

✱ 동사에 의한 대우표현

겸양어	보통어	존경어
まいる	行く/来る	いらっしゃる おいでになる
おる	いる	いらっしゃる
いたす	する	なさる
うかがう	訪ねる/訪問する	
申す/申し上げる	言う	おっしゃる
いただく	食べる	召しあがる
存じる	思う/知る	ご存じです
お目にかかる	会う	
拝見する	見る	ご覧になる
さしあげる	あげる	
	くれる	くださる
いただく	もらう	

☞ 「する」의 겸양적인 표현으로 「させていただく」를 쓰기도 한다.
- 明日は定休日に付き、休業させていただきます。

∴ 연습문제 【일본어문법교육】

문제1 밑줄 친 부분의 성질이 다른 하나를 고르시오.

(1) 田中さん、お出かけですか。

(2) すみません、お水ください。

(3) どうぞ、ご覧になってください。

(4) お若いですね。

해 설   (2)는 자신의 언어사용을 정중하게 하는 미화어로 사용되었다. 그 밖의 경우는 상대방이나 제3자에게 경의를 표하는 존경어로 사용되었다.

문제2 밑줄 친 부분의 성질이 다른 하나를 고르시오.

(1) こちらから伺うことに致します。

(2) 重い荷物を持っていただいて、本当に助かりました。

(3) この商品は無料でお届けします。

(4) どうぞ、おかけになってお待ちください。

해 설   (4)는 「お~なる」의 형태의 존경어이다.
그 밖의 예문은 겸양어로 사용되었다.

문제 3 다음 예문에 나타난 대우표현을 찾아 바르게 고치시오.

(1) 私はお元気に過ごしております。
(2) 先生、重いでしょう。わたしが持ってあげます。
(3) 韓国まで来てくれて誠にありがとうございます。
(4) ちょっと具合が悪いので、早退していただきたいのですが。
(5) 課長さんは只今席を外しておりますが、何かご用でしょうか。
(6) A：田中さんって、ご存じですか。
　　B：はい、ご存じです。

해설 (1) お元気 → 元気

(2) 持ってあげます → お持ちします

(3) 来てくれて → 来ていただいて / お越しいただいて

(4) 早退していただきたい → 早退させていただきたい

(5) 課長さん → 課長

(6) はい、ご存じです → 知っています / 存じております

찾아보기
일본어문법교육

- ㄱ -

가능동사	49, 51
간투조사	92
감동사	11, 132
강조구문	166
격성분	14
겸양어	195, **196**
경로	56, 82
계속동사	113, 114
고립어	16
교착어	16
구정보	181
굴절어	16
권유	20, 91, 101
기능어	10
기점	83, 97

- ㄴ -

남성어	92
내용어	10

- ㄷ -

단문	21
단정	20, 76, 102
대비	152, **180**
대상	53, 56, 82, 84
대상격	84
대조	160, **180**
동시동작	93, 151
동의요구	91, 96
동작동사	73, 107
동작주(행위자)	117, 179

- ㅁ -

명령	20, 41, 142, 157
목적	82, 85, 150
목적어	13, **14**, 59
무제문	22, 23
문말표현	132
문절	**9**, 12
미화어	197, 202

- ㅂ -

방향	56, 82, 83, 183
범위	83
변화	82, 116
병렬(절)	21, 93, 149, 152
보조동사	102, 189
복합조사	95
부사절	150

부속어 ………………………………… 10
비교 …………………………… 83, 151
비유 …………………………… 76, 138

- ㅅ -

상대경어 …………………………… 199
상태(성) ·· 27, 61, 108, 114, 117, 170
상태동사 …………………………… 113
성분 ………………………… **13**, 17, 77
소유(문) ……………………………… 45, 94
수단 …………………………… 83, 152
수식어 ………………………………… 14, 15
순간동사 …………………………… 113, 114
시간 …………………… 80, 82, 107, 113, 154
시간절 ………………………………… 150
신정보 ………………………………… 179

- ㅇ -

양태 ……………………………… 74, 83, 101
어간 ………………………………… 28, 29
어미 …………………………… 28, 29, 61
여성어 …………………………………… 92
영탄 …………………………………… 91, 144
완료 ……………………… 100, **108**, 115, 116
용언 ……………………………… **11**, 14, 41
원인이유 ………………… 93, 150, 152, **155**
유제문 ………………………………… 22, 23
음조(인토네이션) ……………………… 91
음편 …………………………………… 37, 40
의뢰 …………………………… 20, 76, 156
의성어/의태어 ……………………………… 74
의지동사 ……………………………… 44, 51
이동동사 ……………………………………… 56
인용절 ………………………………… 151

- ㅈ -

자립어 ……………………………… **10**, 81
자발 …………………………… 100, 104
장소 …………………………… 56, 82, 83
전문 …………………………… 101, 138
전제 …………………………………… 89
접미사 …………………………… 15, 99, 138
정중어 ……………………………… 195, **197**
제한(한정)용법 …………………… **162**, 164
조건 …………………………… 93, 150, **169**
존경어 ………………………………… 195
주어 ………………………… 11, **14**, 21, 179
주절 …………………………… 21, **149**, 155, 169
주제 …………………………… **22**, 179, 180
준체조사 ……………………………………… 94
중립서술 ……………………………………… 180
진행 ……………………………… **114**, 116

- ㅊ -

착점 …………………………………… 82, 85
첩어 …………………………………………… 15
체언 …………………… **11**, 14, 41, 81, 151
총기(배타) ……………………………… 180
추정 ……………………………………… 101
추측(표현) ………………… 20, 76, 101, **136**

- ㅍ -

판단 …………………………… 101, 135, 137, 141
피수식어 ……………………………… 15, 159, 161

- ㅎ -

학교문법	10, 28, 41, 62, 68, 88
한정	80, 87, 88
함의	89
항(項)	57
현상문	22, 180
형식명사	141, 165
형태소	14
희망	76, 100

- あ -

あげる	189, 190
ある／いる	45, 47
いただく	127, 191
内の関係	161, 163
うちに	150, 153
おかげ	157
お	195, **198**

- か -

か	91, 94, 133
が	57, 82, 84, 96, **179**, 181
かしら	92, 133
かな	20, 91, 133
かもしれない	132, 136
から	58, 83, 93, 142, **155**, 158
くれる	189, 191
け(れ)ど	93, 173
ご	195, **198**
こそあど	183
こと(だ)	144, 146, 166, 168

- さ -

さ入れ言葉	128
さえ	88, 133, 181
し	93
しか	88, 133
ぜ	92
せいで	157
(さ)せる	100, **126**
ぞ	92
そうだ	101, 137, 138
外の関係	161, 163

- た -

た	100, 108, 109, 111, 118
だ	101
たい(たがる)	100, 103
だけ	88, 90, 131
ため	93, 150, 153, 157
たら	93, **171**
たり	37, 93
だろう	20, 101, 136
つつ	93
って	181
て	37, 102, 152, 157 で 83, 85
です	101
ても	93, 173
と(格助詞)	57, 83, 86, 94
と(接続助詞)	**169**, 174
と言えば	181
とか	94
とき(に)	150, 154
ところ	116, 119
として	95
となり(隣)	48

- な -

な	91
ない	100, 103
ながら	93, 151
なければならない	132, 135
なら	**172**, 181
に	57, 80, 82, 85, 125, 129
にちがいない	134, 136
によって	125
ね	91, 92, 96, 133
の	94, 145, 163, 166, 168
のだ	141
ので	142, **155**, 158
のに	173

- は -

は	133, **180**, 181
ば	93, **170**, 174
ばかり	88, 90, 116, 119, 133
ハ行転呼	31
はず(だ)	135, 141, **143**, 146
へ	83, 85
べき(だ)	135
ほしい	84, 103

- ま -

まい	101
まえ(に)	150, 154
ます	101
まで(に)	154
ムード(mood)	109, 131
も	88, 133, 181

もの(だ)	144, 145
もらう	189, 191

- や -

や	94
よ	91, 96, 133
よう	101
ようだ	101, **136**, 138
よこ(横)	48
よね	96
より	83, 151

- ら -

らしい	101, **137**, 138
ら抜き言葉	50
(ら)れる	100, **122**, 196

- わ -

わ	**92**, 133
わけ(だ)	141, 143, 146
わよ	92
を	53, 56, 57, 58, 82, 129

저자 장근수(張根壽)

경북대학교 일어일문학과 졸업
경북대학교 대학원 석사과정 졸업
日本 筑波大学 석사과정 수료
日本 筑波大学 박사과정 수료(언어학박사)
현 상명대학교 일어교육과 교수

일본어 문법교육 - 개정판 -

개정1쇄 인쇄 2013년 02월 22일
개정1쇄 발행 2013년 03월 02일

저 자 장근수

발 행 인 윤석현
발 행 처 제이앤씨
책임편집 김연수·이신
등록번호 제7-220호

우편주소 132-040 서울시 도봉구 창동 624-1 현대홈시티 102-1106
대표전화 (02)992-3253 **팩시밀리** (02)991-1285
전자우편 jncbook@hanmail.net
홈페이지 http://www.jncbook.co.kr

ⓒ 장근수 2013 All rights reserved. Printed in KOREA

ISBN 978-89-5668-743-8 03730   **정가** 10,000원

* 저자 및 출판사의 허락 없이 이 책의 일부 또는 전부를 무단복제·전재·발췌할 수 없습니다.
** 잘못된 책은 교환해 드립니다.